全国中等职业学校会展专业系列教材

会展策划

郑　彬　主编

中国财政经济出版社

图书在版编目（CIP）数据

会展策划/郑彬主编．—北京：中国财政经济出版社，2008.4
（全国中等职业学校会展专业系列教材）
ISBN 978－7－5095－0572－4

Ⅰ．会…　Ⅱ．郑…　Ⅲ．展览会－策划－专业学校－教材　Ⅳ．G245

中国版本图书馆CIP数据核字（2008）第035363号

中国财政经济出版社 出版
URL：http：//www.cfeph.cn
E－mail：cfeph @ cfeph.cn

社址：北京市海淀区阜成路甲28号　邮政编码：100036
发行处电话：88190406　财经书店电话：64033436
北京财经印刷厂印刷　　各地新华书店经销
787×1092毫米　16开　11.25印张　231 000字
2008年4月第1版　2017年2月北京第2次印刷
印数：3 061—4 060　　定价：20.00元
ISBN 978－7－5095－0572－4/F·0468
（图书出现印装问题，本社负责调换）

序 言

1851年英国的万国博览会是人类进入工业社会后对社会发展成就第一次正规的大规模展示活动，是世界会展历史的里程碑。从那时起，会展所涉及的领域不断扩大，涵盖了经济、文化、科技等各个领域，逐渐形成了现代会展产业。会展业集商品展示、商品贸易和经济技术合作为一体，并兼具信息咨询、投资融资、商务服务等配套功能，以其超常的关联影响和对举办地经济的拉动作用，成为本世纪的朝阳产业，会展经济也因此被喻为国民经济的“晴雨表”和“助推器”。

在我国经济日益融入世界贸易体系之中的大环境下，现代的科学技术和管理技术给会展业带来了新的契机，使会展业的改革、发展与创新出现了新的局面。现代会展给团体或个人提供了经济文化交流活动的良好机会，蓬勃发展的会展产业已经成为世界经济活动的重要组成部分，成为世界经济增长的一个亮点，也成为业内人士关注和研究的热点。会展是国民经济相关行业和企业发挥竞争优势，赢得经济效益和社会效益的重要途径。

改革开放三十年来，我国的经济发展已步入快车道。伴随着高新技术、信息产业的快速发展及国内外贸易的扩大，人们越来越需要会展，并对会展业的发展提出了新的要求。随之而来的是，会展专业人才严重匮乏的问题日渐凸显，会展人才培养、培训正成为职业学校满足社会紧缺人才培养、培训的重要课题之一，被越来越多的中、高职学校所重视。

会展实践需要人力资源的支撑，中等职业学校承担着培养会展企业基层员工的重任。为了更好地适应现代会展经济的发展，适应社会和企业对会展人才的需要，我们根据教育部颁发的有关文件的精神，以全面提高中职学生素质为基础、以学生能力培养为本位、以企业需求和就业为导向，进一步突出中职教育的特点，组织编写了这套面向会展企业基层员工岗位培养方向的“全国中等职业学校会展专业系列教材”。本套教材从基层岗位人员“应知应会”原则出发，人才定位较准确，实用性较强，适应了会展教育服务会展行业发展的需求，希望能对我国会展教育和会展行业的发展起到积极的推动作用。

本套教材在课程体系的构成上强调“大专业，小方向”的组织模式，用会展专业职业能力结构中通用部分构筑能力平台，形成核心知识体系。全套书由《会展基础知识》、《会展策划》、《会展客户服务》、《会展营销》、《会展设计》、《会展法律法规》、《会展物流》、《会展文案》八本教材组成。其编写内容遵循了会展企业基层员工的认知规律，采用单元式结构进行编写，便于教师运用行动导向进行教学。全套教材结构新颖、观点科学、逻辑严密、内容丰富、资料翔实、体例活泼、重视实训、自成体系。

本套教材既与会展实践联系紧密，又根据现代中职生的特点，在教材的可读性上下了很大功夫，注重强化学生会展组织接待、策划文案、宣传推介、沟通协调等方面的综合能力及客户服务意识与技能的培养，以期提升会展专业学生适应工作岗位的能力。

作为我国会展培养、培训教材的组成部分，本套教材的出版虽然在体例结构上有所创新，但毕竟会展专业在我国还是一个非常年轻的学科，没有既定的模式和体系，可资借鉴的资料不多。因此，要从会展业发展的实际出发，从会展业务的内涵、特性和内容出发，创立一套较为科学、系统的体系绝非一日之功，创作上有相当大的难度。因此，本套教材中一定存在有不够完善的地方，有些问题还可能值得商榷，这有待于今后不断修正、补充与完善。在此我们恳请各位专家学者批评指正，并诚挚希望使用本系列教材的老师、同学能把教材的使用情况及时反馈给我们，以利今后修订、修正，进一步提高教材的品质，为培养更多的会展专业应用型人才贡献我们的绵薄之力。

中国财政经济出版社中职教材编委会

2008 年 3 月

编写说明

本书是全国中等职业学校会展专业系列教材之一，是为中等职业学校会展专业及其他相关专业教学需要、会展从业人员培训及学习参考而编写的。

具有“朝阳产业”、“无烟工业”、“绿色产业”、“城市产业拉动器”之称的会展业在21世纪的中国，正以每年20%以上的平均速度递增。随着2008年奥运会及2010年上海世界博览会的到来，会展业正引起越来越多的人们关注，成为经济领域中的热点。会展业隶属于生产服务业，是以知识和技术为生产、销售等企业提供信息、市场销售、产品展示、增值利益，并为会展客户创造增值价值的行业。会展业给城市带来的是巨大的信息流、资金流、物流和人流。

随着我国会展产业的蓬勃发展，会展人才“瓶颈”问题随之凸显，而与之相应的会展中等职业学历教育和在职培训教材相当缺乏，相关教材和读本满足不了中等职业教育的需要。本书作者根据财政部规划教材要求，为了满足中等职业学校教学急需，经过多年对展馆企业、会展企业、参展企业及相关服务企业进行了深入的岗位职责调研后编写了本书。

会展策划是一门应用学科，作为学习会展专业的中等专业学校学生，非常有必要系统学习和了解有关会展策划方面的知识，掌握会展企业常见服务项目策划流程，将会展策划理论与方法应用于会展实践。

本书在编写过程中吸收了国内外会展策划理论研究的新成果，作者又是长期从事中等职业教育，了解学生并对会展企业的现状有比较清晰的认识，因此，在本书编写过程中尽可能用通俗的语言、简明的案例说明会展策划的理论依据及做法，可操作性较强。

本书由十个单元组成，每个单元开篇均以精选案例导读作为切入点，通过对案例的讨论与分析导入学习内容，每单元结束的综合案例分析，使学生对本单元的具体项目策划过程有了综合的印象。多种类型的复习思考题，为学生自查学习效果提供了工具。温馨小贴士、小知识、小资料、小链接、想一想等小栏目为授课教材提供了备课资料，为课堂讨论提供了素材。

本教材建议课时为72学时，具体学时分配如下：

单　元	内　　容	课　时
一	会展策划基础知识	5
二	会展目标选择与策划	8
三	会议活动策划	7
四	展览策划	8
五	展览场地策划	6
六	会展旅游项目策划	6

续表

单　元	内　　容	课　时
七	会展宣传与广告策划	6
八	会展相关活动策划	6
九	企业参展策划	8
十	会展策划评估	6
合计		72

本书由武汉市财政学校郑彬任主编。郑彬编写第一单元，济南第九职业学校赵玲编写第二、三单元，四川省财经学校黄奉康编写第四、十单元，贵阳女子职业学校张雪英编写第五单元，湖北秭归职教中心卢发翠编写第六单元，锦州财政学校代丽丽编写第七单元，武汉财贸学校秦丽华编写第八、九单元。郑彬负责全书的总纂和定稿。

本书在编写过程中，得到了所有参编教师所在学校及湖北省会展商会各位企业家的支持，在此表示衷心的感谢。

为满足用书学校任课老师的教学需要，本教材还配有电子教案，如有需要，请以电子邮件的形式向中国财政经济出版社索取，E-mail：chenbing@cfeph.cn。

编　者（whzbcn91@126.com）

2008年3月于武汉

目　录

第一单元 DIYIDANYUAN

会展策划概述

学习目标

- □ 理解策划的内涵和会展策划的概念
- □ 了解会展策划的特点
- □ 能够表述会展策划的内容和基本流程
- □ 了解会展发展的条件

案例导读

创意大策划　欢乐嘉年华

2007年7月18日首届中国策划节在具有浓郁少数民族风情的东北边陲城市——吉林省延边朝鲜族自治州首府延吉隆重开幕。本次策划节是策划的狂欢，是策划知识的智慧盛宴，以国际化的创新视野铺就中国策划界的风云盛会，是备受瞩目的策划盛典！

1. 策划节的主题

首届中国策划节的主题是"创意大策划　欢乐嘉年华"，意指以创意为题，营造欢乐海洋。

2. 策划节的组织

主办单位：中国策划研究院、中华建筑报社、中国房地产业策划联盟。

协办单位：延边州人民政府、延吉市人民政府、韩国中小企业中央会、韩国超市协同组合联合会。

承办单位：延边策划师协会、中国策划研究院延边策划中心。

支持单位：国务院发展研究中心、国家人事部、建设部、中国军事科学院、中国市场学会。

媒体支持：人民日报、中央电视台、凤凰中文台、第一财经、经济观察报、中国经营报、中国经济信息报、中华建筑报、吉林日报、吉林城市晚报、吉林卫视、延边卫视、延边日报、延边晨报、延吉电视台、延广交通文艺台等。

网络支持：人民网、新浪网、搜狐网、中国策划研究院官方网站、校园星网。

3. 策划节的活动

策划节的活动由“大赛”、“论坛”、“交流”、“展洽”、“娱乐”、“旅游”几个板块组成。其中：

“大赛”是指首届中国策划节创意策划大赛。创意策划大赛是通过广泛征集策划创意文案的大型赛事，大赛以营销策划为参赛参考题材。

“论坛”是指首届中国策划节创意策划论坛。创意策划论坛旨在激发广大中小企业及政府开发项目的参与意识，培养企业策划新人的实战操作能力，全方位提高各地策划人的综合素质。

“交流”是指全国策划界精英、企业家代表、国内强势媒体及有关权威专家同台交流。其目的是相互交流策划技巧，使本届策划节具有广泛的参与性与独特性。

“展洽”是指与会企业之间的经贸洽谈、业内与业外之间的合作洽谈及本土民俗文化的展示。

“娱乐”是指首届中国策划节突破以往有些大型节会过于庄严肃穆的氛围，在节会期间，穿插了多场绚丽多彩、具有鲜明少数民族地方特色的民俗酒会和民俗娱乐表演。欢快热烈、风趣活泼的朝鲜族舞蹈，悠扬婉转、悦耳动听的朝鲜族民歌独具特色。和其他兄弟民族迥然不同的民俗风情，营造出欢乐的节日气氛，给与会的策划人带来无尽的喜悦和美好的享受。

“旅游”是指策划节安排的领略延吉的独特地域风光，纵览“三国”胜地（中国长白山、朝鲜、俄罗斯）的游览观光活动。使与会者享受中华十大名山之一、国家四A级风景区——巍峨雄壮的长白山，中朝界河、千里图们江畔独特的自然景观。让别具一格的“一眼望三国，鸡鸣达三疆”的边境风光、珍贵的古渤海国遗址、浓郁的少数民族风土人情给与会者留下无穷的回味。

想一想：

1. 策划节主题是什么？
2. 策划节的活动如何围绕主题层层推进？

模块一　会展及策划的基本知识

一、会展及策划基本知识

（一）会展

会展作为服务经济的产物，不同的人站在不同的角度对会展进行了定义与解释，让人眼花缭乱。那么，什么是会展？会展能够给我们带来什么呢？

我国《辞海》关于“展览会”的词条是：“用固定或巡回的方式，公开展出工农业产品、手工业制品、艺术作品、图书、图片，以及各种重要实物、标本、模型等，供群众参观、欣赏的一种临时性组织。”

美国《大百科全书》对“展览会”的解释是：“一种具有一定规模，定期在固定场所举办的，来自不同地区的有组织的商人聚会。”

英国《简明不列颠百科全书》对“展览会”词条的解释是：“为鼓舞公众兴趣、促进生产、发展贸易，或者为了说明一种或多种生产活动的进展和成就，将艺术品、科学成果或工业制品进行有组织的展览。”

从上述几种典型的、具有代表性的表述中我们不妨来诠释一下。所谓“会”与我们理解的开会、会议有所不同，它是为了实现某种目的集中在一起，进行交流——既是参展商的交流，也是观众的交流，更是观众与展商的交流。所谓“展”就是陈列，展示。所谓“览”就是参观、观看。那么展览或展览会，就是展览的参与者通过物品或图片的展示，集中向观众传达各种信息，实现双向交流，扩大影响，树立形象，实现交易、投资或传授知识、教育观众的目的。

现代意义上的展览已经摆脱了过去的“展览”就是展出、会议就是开会的孤立层面，而是将展览与会议、展会与各类经贸、旅游、艺术节相结合，以此提高展览的档次，增加其吸引力，创造其经济和社会效益。

综上所述，**会展就是会议、展览等集体性活动的简称，是指在一定地域空间，由多个人集聚在一起形成的，定期或不定期的集体性的物质、文明化交流活动。**会展的外延很广，包括各种类型的会议、展览、展销活动、体育竞技运动、大规模商品交易活动等。如世界贸易组织会议；博览会，如昆明世界博览会；展览展销活动，如我国的广交会、糖酒会；体育竞技运动，如奥运会、世界杯足球赛;集中性商品交易活动，纪念日庆典，如我国的国庆、春节活动等。

（二）策划

“策划”一词，最早源于中国，古时称“策画”，现今有谋划、筹划、计划、对策、打算等内涵。

“春秋战国多谋士”。古时策划主要集中在政治、军事和外交领域。除诸子百

中文词源中的“策划”

“策”是指古代书写的一种载体，古代用竹片或木片记事著书，成编的称作“策”。“策”的含义经过长期演变，现包含“计谋、策略”之意。如，“上策”、“下策”、“献计献策”、“束手无策”等中的“策”就是这种用法。

“划”亦作“画”，也是计划、打算之意。

家外，还涌现了许多名垂史册的策划大师和流芳百世的策划经典名著。如《孙子兵法》、《三十六计》等，皆为世界智慧宝库中熠熠生辉的杰作。由此可见，策划是与计谋相关的一种行为过程和方法系统。

在现代，**策划是人们为实现预定目标，事先筹谋、计划、设计的社会活动过程，是在综合运用信息的基础上，运用现代科学方法，寻求实现目标的最佳方案的创造性思维活动过程。**策划内涵可以归纳如下：(1) 策划是为特定的目标服务的；(2) 策划必须以全面、系统、准确把握和运用信息为基础；(3) 策划必须借助现代科学方法；(4) 策划是前瞻性、创造性和可行性的有机统一；(5) 策划本身是追求实现目标最佳方案的过程。

二、会展策划及特点

(一) 会展策划

提示：

现今，人们将策划分为广泛性策划、机能性策划、物质策划、政府策划、社会经济策划等诸多类型。

1. 会展策划及要素。**会展策划就是为实现会展活动的目标，在深入、全面分析会展信息的基础上，运用科学的策划方法，制订会展活动最佳方案的过程。**也可以说会展策划是对会展进行管理和决策的一种程序，它是一种对会展活动的进程以及会展活动的总体战略进行前瞻性规划的活动。

换句话说，会展策划是在会展活动开始的最初阶段进行的，有时甚至要贯穿于会展活动始终的一种优先的、提前的、指导的活动。

一般来说，会展策划包括策划者、策划对象、策划依据、策划方案和策划评估等要素。

(1) 策划者。是指具有高智慧的脑力操作者，在会展活动中起着“智囊”的作用。策划者的素质直接影响着会展活动的成与败。

(2) 策划对象。策划对象既可以是某项整体会展活动，也可以是会展诸要素中的某一要素。

(3) 策划依据。策划依据包括策划者的知识结构、信息储存以及有关策划对象的专业信息。

(4) 策划方案。策划方案是策划者为实现策划目标，针对策划对象而设计创意的一整套策略、方法和步骤。

(5) 策划效果评估。策划效果评估是对实施策划方案可能产生的效果进行预先的判断和评估。

2. 会展策划的意义。任何一项成功的会展活动都是科学、合理和富有创意的策划结出的硕果，会展策划的意义主要表现在以下几个方面：

(1) 为会展决策提供最佳方案。决策是对未来行动方案的抉择，有好的方案才会有好的决策。会展策划的目的就是寻求最合理、最经济、最有效的方案，为会展决策提供科学依据。

(2) 提高会展活动的经济效益。会展策划运用科学方法，能大大减少会展活动的盲目性，有效地避免浪费，努力克服各种不合理性，从而提高会展活动的效率和效益。

(3) 塑造会展品牌形象。会展策划是一项创新工程，它根据会展市场的需求，在保持自身优势和特色的基础上，在会展内容和形式上努力创造全新的亮点，提升竞争实力，从而塑造会展品牌形象。

(二) 会展策划的特点

1. 会展策划的特点。会展策划具有针对性、前瞻性、系统性、动态性、可行性等特点。

(1) 针对性。会展策划是一种针对性很强的活动。在进行策划时，能准确地设定市场提出的问题，明确会展活动应达到什么目的，在整个策划活动中解决问题。譬如，有的会展以特定消费群体的生活方式为依据，具有鲜明的主题，这就要求，在进行策划时必须围绕主题组织展品、开展活动。

(2) 前瞻性。“慧者所虑，虑于未萌；达者所则，规于未势”。这种先知先觉,超前思谋，正是会展策划的本质，是对现实的各种信息进行抽象思维，通过一定的逻辑推理和创意，形成对未来的预测，使创意的构想在实施中得以实现。

(3) 系统性。会展策划是对整个会展活动的运筹规划，因此具有系统性的特点。系统性表现在策划时要针对会展的各个方面、各个环节进行权衡，使企业目标与因参展而实现的企业市场营销目标具有一致性，使其在产品、包装、品牌、价格、服务、渠道、推销、广告、促销、宣传等方面保持一致性。系统性可以减少会展策划的随意性和无序性，提高策划效率。近年来的“立体策划”概念就是会展策划系统性的一种表现。

(4) 动态性。任何的策划活动都不是静态的，而是一个动态的发展过程。策划的动态性主要表现在两个方面：一方面，在策划之初，就要考虑未来形势的变化，做一定的预测，并使方案具有灵活性、可调控性，以备将来适应环境变化之需。另一方面，策划方案在执行过程中，根据市场的变动和市场的反馈及时修改方案的欠缺之处，让方案更好地适应变化了的市场，更融合市场。

(5) 可行性。会展策划在市场中要切实可行。没有可行性的策划方案写得再好也只是纸上谈兵。一般来说，会展策划方案必须经过分析论证才能实施。分析论证策划方案的可行性主要围绕策划的目标定位、实施方案以及经济效益等主要方面进行。

虚拟网络展览助广交会渡过“倒春寒”

2003年春，突如其来的“非典”疫情，使得参展商、专业观众的日程全被打乱，广州商品交易会差点因“非典”而停办。面对突如其来的突发事件，广交会主办方及时开拓了网络展览，其网上展览成交额达2.18亿美元。此举正如《孙子兵法》所称：“兵无常势，水无常形，能因敌变化而取胜者，谓之神”。

2. 会展策划的作用。会展策划对于会展组织者来说，是会展运作的核心环节；而对参展商与专业观众而言，会展策划则提供了总体策略和具体计划。因此，会展策划的重要作用可以归纳为以下几点：

（1）战略指导作用。是指会展策划能为会展活动提供总体的指导思想。具体说来在展览场地、展会规模、展会主题、展会时间安排、展会品牌、合作伙伴等方面，策划者都要事先提供指导。

（2）实施规划作用。是指会展策划能为会展活动提供具体的行动计划。

（3）进程制约作用。是指会展策划能安排并制约会展活动的进程。

（4）效果控制作用。是指会展策划能预测、监督会展活动的效果。

（5）规范运作作用。是指会展策划能使会展运作趋于科学、合理、规范。

三、会展策划常见的方法

1. **系统分析策划法**。是指将一个策划项目看做是一个由若干个子系统相互联系的有机整体，通过揭示影响各个子系统运动的各项因素及其相互关系，提出最优策划方案的方法。

2. **排列淘汰策划法**。是指将备择方案按一定的标准排列顺序，寻找各个方案的缺点并作相互比较，将缺点最大、最多的方案淘汰出局，然后重新排队，进行下一轮淘汰，直到选出最满意或最优秀的方案。

3. **头脑风暴策划法**。是指一种集体策划的形式，全体参与策划的人员在轻松的会议气氛下畅所欲言、相互激发、开拓思路、集思广益，从而形成最佳方案。

4. **逆向思维策划法**。是指从现有的会展内容和形式或现有的条件的对立面处出发，运用逆向思维的方法，探求会展活动的新观念、新形式、新方法。

5. **反策划法**。是指会展策划者在激烈的会展竞争中维护自身的品牌、优势和利益，针对竞争对手的策划所采取的策划行为。

小案例!

美国克利夫兰广告俱乐部有一个小组，利用“头脑风暴法”探讨了这样一个问题：“改进每周歌剧的广告形式，以尽可能地提高卖座率。”对这个问题，人们提出了124条设想。剧场领导R. 萨顿采用了其中的29条，终于使剧场满座。

模块二　会展策划的内容和基本流程

一、会展策划的基本原则和内容

1. 会展策划的基本原则。会展策划是为综合性、大规模的会展活动提供策略指导和具体的计划。同时会展策划必须遵循市场经济的客观规律和会展活动的基本原则。会展策划的基本原则主要有：目标性原则、操作性原则、创新性原则、有效性原则和规范性原则。

（1）**目标性原则**。会展策划的过程是追求最佳方案的过程，而决策方案是为实现会展活动目标服务的。因此，在策划过程中应遵循目标性原则。具体在策划过程中，应针对某一特定问题进行市场调查，在会展决策、计划以及运作模式、媒体策略等方面都必须以会展活动的目标为核心。

阅读材料

尤伯特出色策划，奥运会盈利2.5亿美元

历史上奥运会基本是在各国政府提供经费的情况下举办的，且都是亏损的，但第23届洛杉矶奥运会在政府没出一分钱的情况下，由美国第一旅游公司副董事长尤伯特设计了一系列出色的策划方案，如出售电视转播权、按每公里380美元卖出火炬传递权，提高开幕式、闭幕式门票价格等，成功地改写了奥运会亏损的历史，并盈利了2.5亿美元。

（2）**操作性原则**。会展策划的方案或计划必须符合市场的客观实际情况，具有针对性和可操作性，这是会展策划的落脚点和归宿。会展策划的目的是为了解决实际问题，推动会展活动的开展，如果不能达到这一目的，或为这一目的服务，会展策划也就失去了意义。也就是说方案设计要具有很强的实践性和客观性，极强的操作性和可行性，才能收到立竿见影的效果。因此，会展策划的操作性原则要求在做策划方案时要结合市场的客观实际情况，以及企业、会展公司的具体情况、实施能力来进行，避免不切实际的策划。

（3）**创新性原则**。创新是策划的源动力，也是会展策划追求的目标。要想在市场经济的浪尖中达到万商云集、闻名遐迩，新颖性是必不可少的。会展的

“新”主要体现在策划的“新”。会展策划的创新性主要表现在会展理念的创新、目标的选择与决策的创新、组织与管理的创新、会展设计的创新等。

(4) **有效性原则**。任何会展活动都应该产生一定的效果，而且不仅仅是有效，还必须达到预期效果或者超出预期效果。会展活动的效果不应仅仅凭借会展策划者的主观判断来预测，还应该通过实际的、科学的会展效果预测和监控方法来把握。因此，会展策划的有效性主要表现在所策划会展活动的效果应能达到或者超出预期的效果。

(5) **规范性原则**。会展策划的规范性原则要求，首先，遵守法律的原则，在不违反法律法规的前提下开展会展策划。我国会展方面的法律规范主要包括国务院部委颁布的行政法规和其他一些规范性文件，如《中国加入世贸组织服务贸易谈判中关于展示和展览服务中的承诺和减让》以及国家工商行政管理局发布的《商品展销会管理办法》、《展览会的章程与海关对展览品的监管办法》等。其次，必须遵守伦理道德，在不违背人们的价值观念、宗教信仰、图腾禁忌、风俗习惯的条件下进行策划。第三，必须遵循行业规范，做到管理规范、程序合理、操作有方、竞争有序，在深刻把握会展经济内在规律的基础上完成策划。

2. 会展策划的内容。会展策划是一项整合性的系统工程，它所涉及的内容是多方面的。策划行为都离不开市场，所有策划行为都要以市场为导向。只有充分利用各种宣传、广告手段，营造展会氛围，形成市场声势，并利用各种关系和途径，建立起庞大的展览营销网络，进行广泛的市场推广和招展，才能最终令目标客户踊跃报名参展。在整个策划活动中，以专业的展览服务，赢得买家和卖家的支持与信赖十分重要。会展策划原则上是应该使 80%以上的参展商达到参展的目的，使 70%以上的专业观众达到参观的效果为标准。

会展策划的内容一般包括：

(1) 会展的市场调查与分析。会展的市场调查是选定会展项目的重要依据，它是会展策划的基础，也是必不可少的第一步。会展的市场调查是选定会展项目的唯一源泉。一般情况下市场调查要根据本地、本区域的经济结构、产业结构、地理位置、交通状况和展览设施条件等特点，围绕市场进行调查。市场调查的主要内容包括：会展环境的调查，会展企业情况的调查、会展项目情况的调查、会展市场竞争情况的调查以及参观商、支持协助单位等情况的调查。只有在充分了解市场信息的基础上，才能做出优秀的策划。

(2) 会展的决策与计划。对会展起决定作用的就是决策。通常影响会展决策的要素有营销需要、市场条件、营销方式、内容条件等，会展的决策与计划应从分析决策的要素入手，确定会展的基本目标、集体目标和管理目标，然后决定展览的战略安排、市场安排、方式安排等。

(3) 会展的运作与实施。会展的运作与实施是进行会展的关键，也是会展策划的重心之所在。在这个阶段，会展策划人员根据会展策划书的计划与安排进行广告宣传工作、组织招展工作、会展设计工作等。

会展宣传的主要方式包括媒体广告和户外广告。媒体广告（包括专业媒体，如报纸、杂志、网站等；大众媒体，电视、电台、主导性报纸等）主办者可以围绕不同的会展特点和亮点来进行宣传；除此之外，还可以通过新闻发布会、行业研讨会等形式来传播展会信息。户外广告，则是利用人流量较大的公共场所，以海报、灯箱、广告牌、宣传布幅、彩旗等形式进行宣传。

组织招展工作要求充分宣传、认真选择。在招展的准备阶段，需要建立潜在客户名单，设计并发放参展说明书，熟知参展中的知识产权问题等。

展览筹划工作：第一，按实际需要将工作分为几大类，如招展组团、设计施工、展品的物流配送、宣传联络、行政后勤、展台工作、后续工作等；第二，在各大类下列明详细具体事项；第三，分清工作之间的关系；第四，定期检查工作进度和质量，及时在动态中修正，以保证整体工作正常执行。

（4）会展的效果评估与测定。会展的效果评价与测定是全面验证会展策划实施情况必不可少的工作，也是检验会展策划实施效果是否达到预期效果。当整个会展策划、实施工作结束后，会展人员应及时进行评估，总结经验，寻找问题，并写出评估测定工作总结报告，为以后会展工作准备可借鉴的历史参考文献，不断提高会展策划的水平。

会展评估工作一般可分为以下两个方面：一是对展览环境、展览筹办工作及展览后台工作的评估，这一部分工作在展览会结束时完成；二是对展台工作及展览前台工作进行评估，这一部分比较复杂，先在展览会结束时针对展台工作进行评估，然后在展览的后续工作过程中跟踪评估。

二、会展策划的基本流程

由于不同类型、不同层次、不同规模的展会策划情况各有不同，且十分复杂，因此本书仅参照国际展会的一般惯例，就一般商贸展会的策划流程进行表述。

（一）设立项目策划小组

会展企业在做会展策划工作时需要各部门人员相互配合、集体决策才能集思广益策划出具有创意的策划方案。因此，首先要成立一个策划小组，具体负责会展策划工作。策划小组一般由下列人员组成：

1. 小组负责人。策划小组负责人一般由总经理、副总经理或业务经理、创作总监、策划部经理等人担任。其主要工作职责是负责沟通会展公司与展会服务承包商、参展商的中介。

2. 项目策划人员。项目策划人员一般由策划部门的正、副主管和业务骨干来担任，主要负责会展项目计划的编写工作。

3. 文案撰写人员。文案撰写人员专门负责撰写各种会展文案（会展常用文书、社交文书、业务推介文书、事务文书、合同协议文本及法律文书）。会展文案一般都有固定的格式（见本系列《会展文案》教材），文案撰写人员根据策划小组的集体意图，按规定文种和规范的文字表现出来。

4. 美工设计人员。美工设计人员是策划小组中重要的组成部分，主要负责各种类型视觉形象设计、广告设计、展示设计、展位空间设计。美工设计人员必须具有较强的领悟能力及将策划意图转化为文字、图画的能力。

5. 市场调查人员。市场调查人员要根据策划意图，组织进行各种复杂的市场行情、新兴行业现状的调查，并用文字写出市场调查报告。

6. 公关人员。会展企业公关人员要熟悉各种媒体优势、劣势、刊播价格，熟悉相关政府机构、社团及企业，能按照策划部署进行媒体规划及为公司创造和谐的公众关系氛围，取得最佳的广告宣传效果，同时得到各方面的扶持与帮助，并能从公关的角度为策划方案提供意见。

（二）有针对性地进行市场调研

会展市场调查是会展策划的基础。从传播学的角度来看，市场调查是会展策划者为了避免会展策划成为无源之水，无本之木，而有针对性地搜集市场信息；在了解策划主体意向、做出策划方案之前，市场调查是会展策划者了解市场信息，把握市场动态，进而确定会展目标和主题，编制会展策划方案，选择会展策略，检查会展效果等所必需的调研工作，从而为决策提供依据。

市场调查是以科学方法为基础，有系统、有计划、有组织地搜集、调查、记录、整理、分析相关产品或劳务市场信息等，客观地测定与评价，发现各种事实，用以协助解决有关会展营销的问题，并作为会展营销的依据。因此，会展市场调研主要做好以下几方面工作：(1) 市场前景分析（如市场规模、类型及政府的扶持政策等)；(2) 同类型展会竞争力分析；(3) 拟策划展会优势条件分析；(4) 潜在客户需求调查。

（三）制订详细完整的会展策划方案

在充分地进行市场调研之后，确定会展目标的市场定位，围绕会展目标市场定位，制订完整的会展策划方案。在制订会展策划方案时，需考虑展览会的类型、会展规模、产业标准、展品的选择、评估观众数量、展品多少和展览面积的大小以及参展的费用预算等因素。

决定会展策略时也应该在充分掌握相关资料的基础上进行，如宏观政策环境、企业经营实力、会展市场竞争状况、顾客满意程序等。

（四）制订媒体策略

现代社会是一个信息社会，人与人之间、企业与企业之间都需要交流，而信息交流的主要载体是各种各样的媒体。有效的媒体策略对会展活动组织者是至关重要的。会展组织者要根据有限的广告预算以及会展的需要和条件，选择合适的媒体来扩大企业的影响力，吸引更多的目标客户。如会展杂志、展前快讯、电视报道、广告、网络等。

（五）制订设计策略

展览展示设计是传达展览信息、吸引参观者的有目的、有计划的环境、展台、展品设计。好的设计能给人以美的享受，同时能提高展会的品位，吸引参展者。

站在参展商的角度来看，设计不仅仅是一个展台设计的问题，在策划阶段就要考虑设计展览结构、取得展览公司的设计批准、制作展览宣传册等。

（六）考虑相关的会展服务要点

会展组织者根据所策划会展规模、场地等情况，要认真策划好相关服务。服务策划要点是以人为本，要做好参展商、专业观众的具体情况及人数落实，以便做好相应车辆的安排，预订各种形式的餐会，推荐不同的地点；根据参会人员的喜好，设计不同的休闲方式，设计专门的旅游线路，介绍下榻附近的娱乐设施等。

（七）制订预算方案

良好的财务管理和预算控制是筹办会展最重要的因素之一。好的预算策划不仅可以起到增加收益、提高效益的作用，而且还能使会展的投资者了解本次会展各种收入的来源及比例，分析主要的投入项目、确定主要的收入源。

会展预算制定时应考虑以下几方面因素：(1) 历史数据；(2) 行政管理费（如工资、奖金、电话、信函、复印、计算机网络费等）；(3) 收益（如公司拨款、预算、注册费、出售展品和纪念品收入、各种赞助等）；(4) 固定费用（如印刷和邮寄资料所需要费用）；(5) 可变费用（如酒会等餐饮费）；(6) 详细开列项目；(7) 调整控制，由于预算是根据估计而制定的，因此不一定精确，需要不断调整。

会展中为了衡量一个项目的财务成果，必须设置一个用于实现既定财务目标的预算开支。预算采用的方式，可视具体情况而定。

（八）撰写项目策划方案

会展策划就是会展的策划规划，为了会展的成功，必须对会展的整体性和未来性的策略进行规划。它包括从构想、分析、归纳、判断，直到拟订策略、方案的实施、事后的追踪与评估过程。

具体地说，**会展策划方案应涵盖市场调查报告、可行性分析报告、项目意向书、项目建议书、广告策划方案、宣传手册等策划文案。**

（九）做好对会展的评估

如果说会展相当于“播种”，建立新的客户关系，那么，会展的后续工作就相当于“耕耘”与“收获”，将新的关系发展为实际的客户关系。会展的效果评估需要由展出者自己安排或委托专业评估公司来做。评估内容有定性的内容也有定量的内容，条件允许尽量用定量的评估内容，这样，能使评估结果更客观、更有价值。

想一想：

会展策划的基本流程由哪些步骤构成？制订会展预算应考虑哪些内容？

模块三　信息技术与会展发展

人类社会已进入信息时代，作为现代社会信息交流的一个平台，网络正成为人们生活的“第二空间”。国外会展发达城市或企业都凭借网络开展了大量的工作。我国会展业也必须顺应潮流，抓住机遇，充分利用网络资源，精心策划，打造知名的会展品牌。

一、网上会展

(一) 网上会展的概念

网上会展是指利用网络技术手段，在互联网上举行会议或展览会。网上会展突破现场会展时间、空间的局限性，被誉为“永不落幕的会展”。

网上会展包括网上展览会（简称网展）、网上会议、视讯会议等。

1. 网上展览。网上展览是对实物展览会的虚拟，展览的组织、展出及展览活动。

2. 网上会议。网上会议基于网络实时交互式多媒体通信平台技术的支持，任何地方的单位和客户只需有普通上网浏览器，就可足不出户、安全快捷地通过互联网共享远在千里之外的文件、程序、网页、话音、图像、视频，甚至操作远端的计算机，可以将声音和视频传递给对方，实现实时、交互的在线会议。

3. 视讯会议。视讯会议以宽带为主，兼容窄带接入的一种交互型视讯多媒体业务，将不同地点的图像信息和语音信息安全可能地、实时地相互传递。

(二) 网上会展与传统会展的比较

对网上会展与传统实物会展进行比较，两者差异体现在以下八个方面：

1. **招展、招商手段不同。**网上展会的招展、招商主要依靠在网上发布信息，辅以在其他媒介上进行宣传；传统展览会的招展、招商主要依靠对企业和参展者作针对性宣传，主要手段是文件、传真、电话等，辅以电子邮件和互联网络。

2. **展出场所不同。**网上展会创造虚拟空间；传统展会使用实实在在的场地。

3. **展出手段和内容不同。**网上展会展示的是文字、图片、声音、动画等，通过逻辑说理宣传企业形象和产品形象；传统展会展示的是实实在在的产品，以直观的形象展开对外宣传。

4. **参展费用不同。**参展商参加网上展览会议需支付远程登录费；参加传统展览会时需支付展品运输费、场馆租金、施工费用、人员费用等。

5. **展出期限不同。**网上展会一般有开始展出的日期，展出从理论上说可以无限期地进行下去；传统展会一般有固定展期。

6. **观众范围和参观方式不同。**网上展会面向的是有关网民，大致有不超过16%的专业人士；传统展会面向的是特定区域或特定专业的人士，大致有23%左右的专业人士。网上展示会主要借助计算机和到达包含参展商信息的网页；传统展会靠在展出场地中按照产品分类、展馆和摊位编号等查找目标。

7. **交流方式不同。**网上展会依靠电子邮件等完成彼此间的交谈、磋商；传统展会为展览活动参与者提供面对面交流空间和机会。

8. **契约方式不同。**网上展会依赖数据信息、电子文件等完成组展者、参展商、观众之间的约定和责任规范；传统展会主要依靠书面材料证明契约的达成和执行。

二、网上会展与实物会展的关系

(一) 网上会展对实物会展市场造成一定的冲击

在信息化的时代，网络对世界会展业产生了深远的影响。网络不仅为展会主办者节省了大笔费用，而且使参展商和观众能够提前获得大量信息，并且可以在展后互动交流，从而提高了展会的时效性，延长了展会的生命力。正如国际博览会联盟（UFI）主席安格斯（Angus）所言，“从1998年到2002年，英国贸易观众数量下降了15%。网上信息使许多中间商不再参加展览会，而这些人群在展览会参观者中占很大比例。”

随着网络的发展，很多观众宁愿去网上搜寻信息，而不愿意（实地）参加展览会，原因是前者成本低、便捷、信息质量高。美国一项调查显示，介绍新产品的最佳途径是网络而不是展览会。现代市场竞争非常激烈，厂家不可能等到几个月后参加展览会再发布它们的新产品，而通过网络发布新产品更快捷，信息更全面、成本更低。

作为典型案例，网上会展在突发事件发生时展现出其独特的魅力。“非典”期间，广州春季商品交易会上，网络洽谈平台成为本届广交会的一大亮点。开幕仅两天，广交会官方网站日浏览量就达到266万次的点击量，大大超过上届交易会164.4万次的日浏览量；有487位参展商、339位客商参与了网上洽谈，并达成不少成交意向。参展商与客商相互发出洽谈预约信息3658宗。网上洽谈为买卖双方提供了一个新的洽谈平台，也让人们看到中国网上会展的广阔前景。

（二）网上会展不能替代实物会展

正如同网上销售兴起之后，传统以商场、批发市场为媒介的实物销售仍然存在一样，网上虚拟展览会也不能代替实物展览会。因为，实物会展除了具有产品或服务展示、技术信息发布等功能外，还伴随有人们面对面的交流或研讨、生动的现场演示以及触摸展品的直观感觉，这些都是基本的展览艺术，也是网上会展所不能媲美的。在德国，网上销售和网上展览会等互联网业务发展很快，但德国会展业的发展规模和势头并未因此受到影响。面对网上会展的发展，超过50%的参展企业认为，实物展览会的作用和意义不会降低，甚至1/4的参展企业认为实物展览会存在的意义和发挥的作用会变得更大、更重要。

（三）网络会展是实物会展的有益补充

网上会展的突出特点是快捷性。这种快捷性对传统实物会展业产生影响：展览会的营销人员必须处处留意业界的变化，时时保持与客户的联系，加强调研，开发新的会展项目。

展览会上大量应用网络信息技术，将利用数字化、信息化建设的成果促进服务内涵得到拓展。越来越多的参展企业和组展商会通过网络进行沟通，电子邮件、企业网页、电子支付手段和服务、网络身份的安全认证技术、信息和数据的网上传播和自动化处理、网上商品交易系统等电子技术都已随着网络应用而参与到展览业中。

从现状来看，实物会展仍占主流地位，网上会展只是传统会展的有效补充，主要表现在以下几个方面：（1）弥补传统会展的定期性，成就了“永不落幕的展览交易”；（2）为那些没有能够参展的中小企业创造额外的交易机会；（3）使人们得以重新参观展会，从而延长展览会的寿命；（4）向那些不能参加会展或虽参加了会展却错过了某些机会的人们提供信息。

(四)会展活动引入网络技术意义重大

会展活动中凡是涉及信息和数据的搜集、传递、处理等环节，都有网络技术的用武之地。具体体现在以下几个方面：

1. 提高展览活动工作效率。组织、参加展览的各个环节上的信息搜集、传递、处理的电子化和自动化，都使展览业务处理效率空前提高。大多数会展组织者实行网上传输信息、网上招展、网上旅行机票和旅馆预订、对客户的咨询通过电子邮件及时回复以及网上下载客户需要的有关展览会的各种资料（如会议服务手册、日程安排、展馆展厅平面图、展览日程安排、展览会服务手册）等等。

提示：

实物会展可以同时辅以网上会展作为有益补充，网上会展可以提升实物展览的层次，延续会展影响力。

2. 提高展览活动经济效益，促进展览工作规范化。网络可以解决传统的实物展览会的时空限制问题，降低业务费用；网络应用使信息资料更为丰富、深入，自动化程度提高。网络技术同时可以为会展事务处理程式化和业务流程标准化提供技术基础。

3. 促进会展业协调管理的科学化和全球化发展。网络使得展览项目、组织机构的对外宣传面向全世界进行，展览信息从定向发布走向非定向发布，大量信息和数据及流程管理也以标准化和规范化为发展方向，从而为其进行科学化管理和向全球化发展奠定基础。

三、网络技术在会展中的应用

网络技术在会展中的应用体现在以下几个方面：

1. 利用网络技术为展馆服务。展馆内部采用局域网，统一接入互联网，运行统一的办公自动化系统、项目管理、流程管理软件。建立网站为展商提供个性化服务，如展出信息的自动维护、展览顾问系统等。

展前：网上会展门票远程预订、展会观众胸卡制作。

展中：观众现场登记、个人信息显示、智能卡身份识别、现场人像制作、现场观众信息统计传输。

展后：会展观众数据整理、会展观众详细统计分析、展会远程参观访问、展会现场摄像直播、大屏幕网屏等系列产品应用。

电子商务：展馆展示、服务介绍、展馆服务预订、展会发布、展会报道、展会统计分析、展览论坛、新闻中心。

系统集成：展馆内部系统集成建设，上网接入、Internet web 服务器运行、展馆信息数据服务器建立，展会网络建设。

系统管理：展馆内部信息化管理系统、展馆信息资源管理系统、展馆网络商务管理系统、展馆展会服务管理系统。

信息统计：展馆信息资源统计整理、商务活动运作安排、数据仓储建立。

2. 网络技术提高了展会组织者的组展效率。

展前：建设展会的互联网商务平台，发布展会信息，展会推广、展会招商、展位预订、服务合作、服务预订、参展商信息发布、网上观众预订、网上调研等，建立包含多功能的大型数据库，采用三层结构的应用管理，展会后台简单的操作页面进行管理维护。

展中：展会现场新闻报道、信息发布，展会现场图片直播、摄像直播，展会现场观众登记统计分析、观众条码识别胸卡制作、观众信息识别管理，参展商、观众统计信息发布。

展后：对数据库展会信息资源整理、展会信息资源数据库提交、展会信息资源详细统计分析、展会成效成本统计分析、网上展会系统管理。

电子名片制作：会展组织者为参展商和参观者特制电子参展证，通常用磁卡或带条形码的材料制作。

3. 网络技术方便参展商。

展前：展会查询、展会比较、展位预订、服务查询预订。

展中：现场报道、展台摄像、网上展会、网上企业路演。

展后：网上展示、展台布置、展品特效、在线交易。

其他：网上报名、住宿安排、旅行、电子名片使用以及网上会议服务、网络营销。

4. 利用网络技术进行会展策划。

（1）网上策划。网络技术的出现与应用使展览会的主办者将网络技术应用到策划上，进而使展览会的策划进入一个崭新的时代。无论展会前期的宣传还是展会期间的信息发布、查阅和商贸洽谈，甚至是展会会后的继续推广，无一例外地都纳入网络中，体现了主办者的超前意识，让人们体验了信息时代数字化生存的内涵，并感受到未来展会的模式。

（2）网上宣传。展会主办者网络策划的第一步就是从域名开始，因为一个响亮且能够真实反映展览会内容的域名，可以达到网络宣传和应用的良好效果。像华交会、昆明世界博览会、第一届 PECC 国际贸易投资博览会等网址，都是为展览会专门注册，以便让人们通过域名便快捷地知道这个站点发布信息的内容。

为未来的展览会起一个专门的域名，会大大方便参展商和参观者。2000 年德国汉诺威世界博览会主办者一口气注册了 3 个域名，目的就是为了让更多的人知道这个展览会，以便邀请到更多的宾客。由于网络向展览业的渗透，所以为举办某个展览会注册一个域名，进行网上宣传已成时尚。

（3）网上招展。展会招展是所有展会成功与否的关键。互联网为一切展会的招展又提供了一个新的平台和途径。网上招展具有快捷、便利、经济、直观、覆盖面广等优点。展会的主办方在设立了展会的网站后，就可通过展会的网站宣传展会和招展的有关事项，并可让有兴趣的参展商在网上登记，预订摊位，办理参展手续。

（4）网上交流。互联网使展览会这个信息交流方式得到有效的发挥。展览主办者在互联网上进行招展、参观者登记及所需信息的传送和更新；制作精美的主页，可运用多媒体手段，将还未举办的展览会在网上进行全方位的展现，使人们在充分享受视觉效应的同时进行网上直接交流，以吸引更多的参展商和参观者，这些都是传统展会所无法办到的。对于参展者来说，网络也可以提供一个方便地获取各种各样信息的条件。有些展会甚至可以及时地为参观者提供一个详尽的参观人数、职业、行业分布等报告，或者将有关展览会的内容长期地在网络上发布，使有期限的展览会通过网络手段达到无限延伸，成为永不闭幕的展览会。

（5）网上服务。会展通过网络亦可为参展商和参观者提供全方位的服务。如网上订票、网上订房的服务已是许多展览会为客商和专业参观者提供服务的项目。此外，考虑到参展商把参展与观光旅游活动结合在一起的要求，许多展览会纷纷在网页上提供有关风土人情、名胜古迹、观光游览和餐饮娱乐的资料，以便能够为远方的客商提供更大的方便，留下美好的印象。

综合案例分析

首届中国策划节暨南北方经贸洽谈会策划

第一部分　活动概况

1. 活动名称：首届中国策划节暨南北方经贸洽谈会

2. 活动时间：2007年7月18—19日

3. 活动地点：吉林省延边国际会展中心

4. 活动主题：创意大策划·欢乐嘉年华

5. 主办单位：（略）、协办单位：（略）、承办单位：（略）、策划实施单位：（略）、支持单位（拟邀）：（略）、媒体支持：（略）、网络支持：（略）、拟邀请参加领导及单位：（略）、参会人员：（略）。

第二部分　策划节主体活动内容

1. 首届中国策划节创意策划大赛。（1）竞赛目的（略）；（2）主办单位（略）；（3）承办单位（略）；（4）参赛对象（略）；（5）参赛形式（略）；（6）参考主题（略）；（7）作品及报名要求（略）；（8）大赛奖项设置（略）；（9）大赛评委（略）；（10）截稿日期（略）；（11）推进流程（略）；（12）免责声明（略）。

2. 论坛。中国策划与创意产业论坛、中国城市经营和房地产业策划论坛。

3. 交流。全国策划界精英、企业家代表、国内强势媒体及有关权威专家同台交流策划技巧，使本届策划节具有广泛的参与性与独特性。

4. 展洽（地点：延边国际会展中心，时间：7月18—21日）。

与会企业之间的经贸洽谈、业内与业外之间的合作洽谈、本土民俗文化的展示。

5. 娱乐。本着让与会者“休息好、娱乐好、心情好、有收获”的原则，安排各种有声有色的极具少数民族特色的大型民俗互动文艺节目和民俗娱乐活动；既有民俗小吃享用，又有与少数民族群众同台表演的机会，达到共娱共乐的目的。

6. 旅游。领略延吉的独特地域风光，纵览“三国”胜地（中国长白山、朝鲜、俄罗斯游览观光）。

第三部分　活动

1. 活动报名时间及活动费用。本届策划节活动按国际惯例，实行“会务一费制”。

2. 组团规定。为发挥中国策划研究院全国各地分支机构的积极性，本届策划节组委会对组团单位给予相应优惠和参与活动方便。

3. 报名手续。无论是个人代表还是组团代表，其收费标准均按汇款日期为准。银行结算、现金汇款均可以结算凭证为据。凡已转账或汇款的参与活动的代表，请将结算凭证传真到组委会秘书处予以确认注册。

4. 报到日期及报到地点。

报到时间：2007 年 7 月 17 日上午 8：00—24：00

报到地点：吉林省延吉市参花街 238 号（延边黄金星大酒店）。

5. 食宿安排（略）

第四部分　奖项设置（略）

第五部分　组织机构

1. 组织机构（略）。

2. 组委会联系方式（略）。

3. 组委会秘书处联系方式（略）。

4. 策划节指定结算账户（略）。

本单元知识结构图

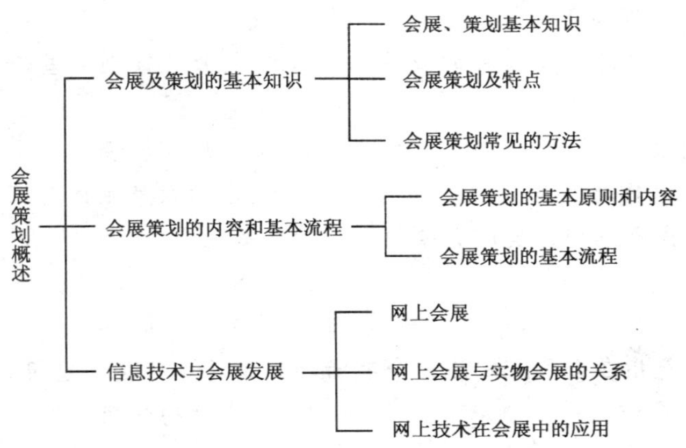

关键词

会展　策划　会展策划　网上会展　网上展览

练习与实训

一、填空题

1. ________是指在一定地域空间由多个人集聚在一起形成的、定期或不定期的集体性的物质、文明化交流活动。

2. 会展作为________，它对于企业或组织来说，起到________、________和________的作用。

3. ________就是为实现会展活动的目标，在深入、全面分析会展信息的基础上，运用科学的策划方法，制订会展活动最佳方案的过程。

4. ________突破现场会展时间、空间的局限性，被誉为“永不落幕的会展”。

5. 实物会展可以同时辅以________作为有益补充，网上会展可以提升现在________的层次，延续会展影响力。

二、单项选择题

1. (　　)对展览会的解释是：“一种具有一定规模，定期在固定场所举办的，来自不同地区的有组织的商人聚会”。

A. 美国《大百科全书》　　B. 英国《简明不列颠百科全书》

C. 中国《辞海》　　D. 其他

2. (　　)是指一种集体策划形式，全体参与策划的人员在轻松的会议气氛下畅所欲言、相互激发、开拓思路、集思广益，从而形成最佳方案。

A. 系列分析策划法　　B. 排列淘汰策划法

C. 头脑风暴策划法　　D. 反策法

3. (　　)是选定会展项目的重要依据，它是会展策划的基础，也是必不可少的第一步。

A. 会展的决策　　B. 会展的市场调查

C. 会展的运作与实施　　D. 会展的效果主体与测定

4. 尤伯特出色策划，奥运会盈利(　　)亿美元。

A. 1.0　　B. 2.8

C. 3.0　　D. 2.5

5. (　　)是指在会展策划能为会展活动提供总体的指导思想。

A. 战略指导作用　　B. 进程制约作用

C. 效果控制作用　　D. 规范运作作用

三、多项选择题

1. 一般来说，会展策划包括下列(　　　　)等。

A. 策划者　　B. 策划对象

C. 策划依据　　D. 策划方案

E. 策划评估

2. 会展策划是有(　　　　)等特点。

A. 针对性　　B. 前瞻性

C. 系统性　　D. 动态性

E. 可行性

3. 会展策划的重要作用可以归纳为以下几点(　　　　)。

A. 战略指导作用　　　　B. 实施规划作用

C. 进程制约作用　　　　D. 效果控制作用

E. 规范运作作用

4. 我国会展主要呈现以下(　　　　)趋势。

A. 国际化　　　　B. 专业化

C. 品牌化　　　　D. 多元化

5. 下列属于会展策划的内容有(　　　)。

A. 会展的调查分析　　　　B. 会展的决策与计划

C. 会展的运作与实施　　　　D. 会展的效果评估与测定

四、判断题

1. 会展就是孤立的展览和开会。　(　　)

2. 策划对象在会展活动中起着“智囊”的作用。　(　　)

3. 会展策划对于会展组织来说，是会展运作的核心环节。　(　　)

4. 品牌将是会展业发展的灵魂，也是中国会展业在 21 世纪实现可持续发展的关键。　(　　)

5. 网上展会创造虚拟空间；传统展会使用实实在在的场所。　(　　)

五、简答题

1. 简述策划的内涵是什么?

2. 简述会展策划的意义是什么?

3. 简述会展策划的基本原则。

4. 简述会展策划的基本流程。

5. 简述网上会展与传统实物会展的差异是什么?

六、实训题

实训项目名称：校园艺术节策划。

实训目的：

1. 描述节庆活动策划流程。

2. 知道校园艺术节策划内容。

3. 会撰写艺术节策划书。

实训内容：策划校园艺术节。

实训准备：

1. 人员准备：每组 4 ~ 5 人，分别扮演艺术节组委会主任、策划部部长、宣传部长及组织部长。

2. 资料准备：白纸、排笔、各种颜料、各种海报用纸。

3. 实训地点：实训室或教室。

实训步骤：

1. 学生在教师指导下分组，并选择组长一名，评审员一名。
2. 分组讨论校园艺术节构思，将讨论结果记录下来。
3. 策划校园艺术节方案。
4. 绘制艺术节海报、制作标语等。
5. 用 PPT 展示并演讲策划方案。
6. 评审组对每组方案进行当众点评。

实训总结：

1. 什么是会展策划？会展策划有哪些重要步骤？
2. 实训成果汇总展示：

(1) 各组宣传海报、标语展示；

(2) 开幕式布置图示；

(3) 策划方案的 PPT 幻灯片。

实训评估：

1. 纪律得分：
2. 记录得分：
3. 资料得分：

总分合计：

第二单元 DIERDANYUAN

会展目标选择与策划

学习目标

- □ 理解会展目标的概念
- □ 加深对会展目标的定位、确定方法的认识
- □ 懂得会展主题的重要性
- □ 明晰会展主题的选择、确定程序和方法
- □ 清晰会展主题的策划过程

案例导读

蝶变的“科博会”

（一）科博会

2007年5月24日，以“搭平台、聚商机、论发展、促合作”为主题的第十届中国北京国际科技产业博览会又将拉开帷幕。从1998年举办第一届至今，科博会伴随着中国高科技产业的发展走过了九个寒暑，成为中国科技产业的新航标，成为创新、创业和创意的代名词。

科博会原名中国北京高新技术产业国际周，自第五届起，更名为中国北京国际科技产业博览会，简称科博会。科博会作为中国境内规模最大的国际交流活动，名列国家重点扶持的四大国际盛会之首。多年来，参会的外国政府和企业代表团达600多个，现场累计签订合作项目近3500个，协议总金额超过400亿美元。

（二）三足鼎立的展会

高新技术展览会、高层论坛、国际投资项目洽谈会是组成科博会的“三足”，三足鼎立成就强势展会。

（1）“高、新、尖”齐亮相的展览会。在科博会，你能看到最新型的抗癌药、最先进的生物芯片、最聪明的工业机器人、最省心的智能住宅……总之，科博会紧扣时代发展脉搏，展示给我们的都是高、新、尖的产品。

（2）新思想交锋的论坛。每年的科博会，有精彩纷呈的百余场高层论坛。国

内外财经专家、科技泰斗汇聚一堂，奉献出一场高水准的智慧盛宴，他们提出了许多前瞻性的理念。在思想的碰撞与涤荡之中，孕育着高新技术产业发展的新机制。居高屋以建瓴，开理论之先河，正是科博会论坛带给参会者的惊喜。

(3) 蕴商机结硕果的洽谈会。国际投资项目洽谈会以招商引资为主题，以项目对接和投融资互动为特色，是历届科博会的主要活动之一，也是我国招商引资成功率较高的品牌会议，曾连续三年荣获由数十家境外主流媒体共同评选的最成功洽谈奖。参加国际投资项目洽谈会，投资中国、抢滩中国市场，已成为有具体投资意向的海外企业家和风险投资商参加科博会的主要目的。

每年的科博会，的确是促销科技成果的大市场，各方人士都收获了沉甸甸的硕果。北京获得了巨大的商机，各省市代表团亦获益丰厚。

想一想：

1. 每年的科博会带给我们什么？
2. 科博会的“三足”鼎立是什么？

模块一　会展目标选择

一个成功的会展，离不开众多的参展商、经销商、目标客户和观众来参加。

当然参展商并不是无事可干来参加，经销商也不是因为喜欢开会才来参观，而是**会展中蕴藏着无限商机，会展目标选择则是会展成功的关键因素。**

一、会展目标的概念

会展靠什么来吸引参展商？参展商把参加会展作为自己的营销手段，参展商参加一个会展，是因为专业观众代表了这个生产商的商品的目标市场。也就是说，参展商品目标市场的存在，才是吸引参展商前来参展的根本原因！

会展目标就是指以引人注目的方式来吸引参展商、经销商、目标客户和观众来参与会展活动，希望通过会展活动来达到的目标，以此能够给予参加者效益。

二、会展目标的定位

科特勒说：所谓定位，是企业把针对目标市场开发出的产品特性，通过沟通，传达给消费者的过程。

会议、展览和世界博览会目标的定位具有如下的内涵：

(一) 会议

会议目标是会议组织者的期望，也是会议所要完成的任务的总和。会议是一种目的性很强的集体性社会交往活动，人们举行会议无不为了达到某种目的，完成一定的任务，或沟通交流、或达成协议、或作出决策、或布置工作、或联络感情……

会议目标的定位，就是明确会议的目标，强调会议的宗旨，以一种清晰明了的方式表达出来，以吸引参加者。例如欧洲品牌会议“达沃斯论坛”，它的定位就是一个较高层次的宏观性的经济会议，并为此孜孜不倦地追求内容的有效性和价值性。

（二）展览

展览会的定位是指某一展览会的发展目标及其在同类型展览会中的竞争地位，即展览组织者希望把展览会办成什么样子，这种定位既能形成展览会的特色，同时也决定了参展商与目标客户的层次和结构。例如，中国住宅交易会（CIHAF）的办展定位就是打造房地产业最完整的产业链。

从主办者的角度来说，举办一次具体的展览活动，其目标层次有：

1. 基本目标。又称微观目标，是展览活动必须达到的起码的目标，具体有以下几方面：（1）为参展商和客户提供良好的信息交流平台以及安全的环境；（2）通过出租展位、提供配套服务和收取门票获得一定的经济效益；（3）在会议现场展示实物，将会议的听觉和展览的视觉结合起来，使会议效果倍增。

2. 宏观目标。即从较为广阔和深远的视角确定的目标。具体包括：（1）显示本国、本地区或本单位的经济实力、科技成果、环境条件和发展前景，以招商引资；（2）通过展示历史文化、先进事迹、反面教材等，弘扬民族精神，倡导社会道德，普及科学知识，教育、感化、鼓舞、鞭策观众。

3. 战略目标。即主办者从自身企业的长远发展出发所制订的市场竞争的目标。具体包括：（1）加强同参展商和客户的沟通和联系，建立诚信合作体系，并且不断吸收新成员，扩大展览的影响力。（2）不断提高展览品位，努力打造知名品牌。

（三）世界博览会

世界博览会（简称世博会），是一项由主办国政府或政府委托有关部门举办的有较大影响和悠久历史的国际性博览活动。世博会的主题是举办国精心策划选定的，世博会的目标主要是通过参展方的活动策划来达到预定的一系列目标；目的是促进经济贸易交流，促进参展国的旅游业发展，提升参展国的总体形象，维护一种政治理念，维护、支持与主题相关的观点，促进某一项具体事件的发展等。

三、会展目标的确定

确定会展目标时，首先要弄清会展目标的主题，找出其实质性的要求。

会展目标的确定可以遵循五个标准：（1）策划目标是明确具体的，不可含糊笼统，也不可太单一；（2）策划目标是可衡量的，如果没有一个衡量标准，就会出现很多问题；（3）策划目标是可接受的，既要符合实际，又要具备可操作性；（4）策划目标要以结果为导向，不管理论和方案多“花哨”，效果一定要好；（5）目标要有时间限制，按照具体内容确定明确的时间范围。

相关链接

美国管理学家德鲁克（Drucker）在从事策划工作时，面对企业提出的一大堆难题不是一一解答，而是提出一连串的反问："你最想做的事是什么"、"你为什么要做这件事"、"你现在正在做什么事"、"你为什么这样做"……德鲁克的手法不是立即"解决"问题，而是明确策划主题，在一团乱麻中理出头绪，达到纲举目张的效果。

模块二　会展主题的确定

一、会展主题的重要性

无论是会议还是展览，都需要一个明确的主题。会展主题鲜明是会展运作专业化的重要表现之一。

会展主题是对会展的指导思想、宗旨、目的、要求等最凝练的概括与表述，是统领会展各个环节的"纲"，并贯穿会展活动的始终。会展主题是贯穿于整个会展活动过程所反映的经济、政治、科学文化等社会生活内容的中心思想，也称为会展主题思想。同时它也是会展最精髓的部分，在一定程度上影响会展内容的安排、活动形式的选择和其他诸要素的设计。

例如，2001 年 9 月在郑州举办的汽车博览会以"绿、风、飘"为主题，突出了环保、时间、新颖的车展特色，取得了很好的效果。

二、会展主题的选择和确定

会展按照所覆盖的范围来分，可将会展主题类型分为主题会议、主题展览两大类。世博会是集会议、展览为一体的盛会，也是会展中最典型的特例。

（一）主题会议

主题会议要具有较强的号召力和凝聚力，它的成功之处在于主题的立意高远。同时站在时代的高度，用科学发展观审视现实问题，以对历史负责任的态度提出严肃的课题。例如，全球工商领导人论坛，自 1997 年起每年举办一次，目前已逐渐成为国内外商界、政界、学界集聚一堂的国际盛会。它为国内外工商业领导人研究不断出现的经济、政治、社会问题、制定新的发展战略等提供了一个重要平台。表 2-1 列举了历届"全球工商领导人论坛"（CEO 年会）的主题。

从表 2-1 可以看出，历届 CEO 年会的主题都同时代的脉搏紧密相连，主题立意高远，具有前瞻性。

（二）主题展览

从 1851 年举办第一届世博会以来，每届都有各自独特的主题。世博会对于主题的要求特别高，既要符合国际展览局的要求，适合举办国国情，又要代表世

表 2-1 历届“全球工商领导人论坛”（CEO 年会）主题

年 份	主 题
1997	CEO 年会
1998	新经济时代的企业管理
1999	掌控变革：迎合未来需求
2000	良机当前：透视竞争和创新
2001	助推革新：在相互依存的世界中建立全新企业模式
2002	21 世纪企业新构思：变革、权力与责任的制衡
2003	超越权限：CEO 在企业管理中的创新和灵感
2004	制胜领导：实现企业创新，推动战略变革
2005	走向全球：以企业再造，创辉煌明天
2006	充分竞争下的企业创新与变革
2007	变革商业模式，创新 CEO 思维
2008	开放创新驱动力

界潮流，能引起大多数国家的兴趣和共鸣。

我们就以 2010 年即将在我国上海举办的世博会为例。

2010 年上海世博会的主题是“城市，让生活更美好”，这是世博会历史上第一次以“城市”为主题，意在提醒在城市人口第一次超过全球人口一半的今天，全社会应更加关注城市在人类文明演进中的作用，更加注重人与自然、人与环境、人与社会、城市与农村的协调发展。

阅读材料

历届世博会举办国、举办地和主题一览表

年份	国家	举办地	主 题
1935	比利时	布鲁塞尔	通过竞争获取和平
1937	法国	巴黎	现代生活中的艺术与技术
1939	美国	旧金山	创造明日新世界
1958	比利时	布鲁塞尔	让人类世界更平等，科学文明和人文精神
1962	美国	西雅图	太空时代的人类
1964	美国	纽约	通过理解走向和平
1967	加拿大	蒙特利尔	人类与世界
1968	美国	圣安东尼奥	美洲大陆的文化交流

续表

年份	国家	举办地	主　题
1970	日本	大阪	人类的进步与和谐
1974	美国	斯波坎	无污染的进步
1975	日本	冲绳	海洋——充满希望的未来
1982	美国	诺克斯维尔	能源——世界的原动力
1984	美国	新奥尔良	河流的世界——水乃生命之源
1985	日本	筑波	居住环境——人类家居科技
1986	加拿大	温哥华	交通与运输
1988	澳大利亚	布里斯班	科技时代的休闲生活
1990	日本	大阪	人类与自然
1992	西班牙	塞维利亚	发现的时代
1992	意大利	热那亚	哥伦布——船与海
1993	韩国	大田	新的起飞之路
1998	葡萄牙	里斯本	海洋——未来的财富
1999	中国	昆明	人与自然——迈向21世纪
2000	德国	汉诺威	人。自然。科技
2005	日本	爱知县	大自然的智慧
2010	中国	上海	城市，让生活更美好

（三）会展主题的确定与选择

会展主题确立的出发点应从实际出发，根据城市自身的优势，明确宗旨，选准主题。一般来说要根据城市地域特点、产业结构、交通状况、展览设施条件、塑造品牌等要素确立会展主题。

主题是会展的旗帜、灵魂，就相当于产品的USP（独特销售主张），用以表现自己的个性和特色。一个好的会展主题，就是一个稀缺的产品，会吸引众多的参展企业和目标客户来参展。因此在会展主题的确立与选择上，会展组织者应该真正了解每一届展会，每一位客户的新需求，制定出合适的主题，量身定做，提供给参展商想要的东西。

提示：

主题一旦确定，就要保持一致性，同时主题应尽可能简单、凝练、生动，要用生活化的语言。

三、会展主题的策划

1. 会展主题策划的内涵。**会展主题策划是策划会展主题并围绕主题策划会展活动的过程。**它是策划者所要传达的中心信息，并通过这一信息刺激并约束参与者的行为，使他们能够依循策划者的信息去完成工作。它统帅着整个会展策划的创意、构成、方案、形象等各个要素，贯穿于整个会展策划之中，并把各种因素紧密地结合起来。

2. 会展主题策划的特点。无论是会议还是展览都有各自不同的主题，主题显示展会的信息个性。会展的主题具有如下共性：

（1）时代性。时代性即会展的主题要与时代的发展紧密结合，才能吸引观众的眼球。国际与国内所发生的一系列大事是全球政治、经济、文化的综合反映，关系到全人类的命运，也影响和改变着人们的生活，所以，会展的主题应该能够反映世界宏观形势的变化和思想意识的转变。

1970 年日本大阪世博会是亚洲首次举办的世界博览会，主题是“人类的进步与和谐”。之所以确定这样一个主题是因为此次世博会是在美国宇航员于 1969 年 7 月 20 日登上月球的第二年举行的，故在该博览会上美国馆中展出了“月亮上的石头”。人们重温了当年宇航员的名言：“我现在走出登月舱了，这是个人的一小步，更是人类的一大步。”

（2）独特性。《孙子兵法》曰：“凡战者，以正合，以奇胜。故善出奇者，无穷如天地，不竭如江海。”会展主题策划必须有崭新的创意。策划的内容必须新颖、奇特、扣人心弦，使人产生新鲜、有趣的感觉。现代社会是信息爆炸的社会，人们对许多新鲜事物已经司空见惯，很难提起兴趣。所以，展会的主题必须新颖独特，才能吸引人们的眼球。

2005 年日本爱知县举办的世博会，在英国馆入口处，游客可以随机选取一片人造的纸质“叶子”，叶面上写着“我的地球”，且形状各异，特别有趣的是游客可以在屏风上找到与自己手中的叶子相对应的镂空树叶，这样好似在自然与人类之间做了一个小小的游戏。真是匠心独运，饶有情趣。

（3）刺激性。会展主题能够激发消费者的欲望。会展主题具备一定的冲击力、震撼力，使参与者产生强烈的共鸣。例如西班牙的“奔牛节”，既突出了西班牙的斗牛文化特色，又迎合了青年人寻求刺激的心理，参与者可借此机会宣泄狂欢一番，因此每年都吸引世界各地的许多游客参加。

所以，在确定会展主题时，必须进行详细全面的社会调研，了解当前社会前沿文化，熟悉人们热切关注的社会事件，并透彻分析人们的需求心理，从而选择创新、奇特的会展主题来吸引更多的目标观众群体。

（4）通俗性。“凡大道至简致易”，将策划概念经过提炼加工成会展主题，使之通俗易懂，能够为广大传媒和公众接受。最简单的东西其实最深刻地反映事物的本质。会展主题也是如此，简单明快，朗朗上口，易于公众接受理解，会得到广泛传播。

小贴士：

会展主题策划时应避免的几种情况：

• 同一化：会展主题与别的主题类似，容易使公众混淆不清。

• 扩散化：会展主题可以是一个或几个，但不能没有主题，也不能有太多的主题，太多的主题意味着没有主题。

• 共有化：策划主题没有鲜明个性，同一主题有时为一个策划服务，有时为另一个策划服务。

一个策划必须有明确的主题。策划如果偏离了主题，就成了一些无目的的拼凑，更别说解决问题了。

四、会展主题策划实例

会展本身就是将多种要素结合在一起创造产品的过程，而会展主题策划就是在资源的重组中创造机会。

会展主题策划实例

1. 案例背景。某市一家大型玩具厂，经过多年努力，研究设计出一款最新产品“智能玩具”，这个玩具是为呀呀学语的小宝宝们设计的，它能进行简单的对话，做些简单的家务，智商水平相当于10岁小朋友。这家玩具厂想通过参加本市电子玩具展，来展示这款“智能玩伴”。

2. 展会性质。区域性玩具零售展，预计在2天内（假定16小时）会有7000名参观者，是一个专业会展。

3. 展会主题。展会主办者结合当前市场的调研，确定的展览主题是：“人类的朋友”。

4. 参展商产品参展主题。玩具厂根据对市场需求调查及产品特点，结合展会主题，设计出一个憨态可掬的小熊形象确定为主题。

主题名称：你的开心果。

5. 展台选择。该玩具厂根据其参展主题及产品品种，决定租用20英尺×30英尺的独立展台。

6. 展出目标。展台设计策划的目标，其核心就是赢得参观者在展台前停留。该玩具厂根据本次展会的主题，确定如下目标：

(1) 赢得550位代理商（有可能代销产品的商店）。

(2) 在会展前的30天内签订100位新的零售商。

(3) 赢得媒体关注（至少一则电视新闻一则报纸新闻）。

7. 项目分析。为完成上述展出目标，参展人员必须每小时赢得40位客户。

8. 参展预算。

展台租赁：	10000美元
展台设计和新的平面造型：	7500美元
会展服务：	8000美元
运输：	5000美元
旅行及住宿（10名员工）：	6500美元
宣传推广：	8000美元
员工费用：	2500美元
杂费：	2500美元
合计：	50000美元

模块三　会展时空策划

一、会展时间策划

会展时间策划应根据客观实际的发展变化来决定行动的最佳时机。优秀的策划，正是预先洞察到推行的时机。例如：有些省的“高校咨询会”是在高考后、学生估分后和填志愿截止日之间进行。

会展时间策划有两种运筹效应：

一是应尽力与其他展会在时间上错开，尤其是当竞争对手是一些知名的大展会时，更要避其锋芒，避免在争夺参展商的环节上斗个两败俱伤。例如，当北京正在举办车展，那么，其他城市的车展时间应该尽量错开，这样才能使自己的展会招来更多的国际参展商，扩大展会规模，提高展会效益。

二是“扎堆”效应，即对于当前比较热门的主题展会，借着消费者热情高涨的时机，举办相同题材的展会，也会收到很好的效益；或者是依托一些较成功的大展，在大展举办前期举办与大展产品相关的产品，也会收到意想不到的效果。但在时间的运筹上，必须要避免出现在同一时间、同一城市举办相同主题的会议的撞车现象，撞车现象是典型的会展市场中重复办展、无序竞争、恶性竞争的结果。

1. 会展时间选择原则。会展时间的选择，必须遵循以下三个原则：

(1) 订货时效性。大部分产品都有特定的订货季节，大型的综合性展览会最好选择在订货季节的前期，便于参观者选择并加大成交的可能性。

(2) 季节适宜性。一般会议选择的季节在春、秋两季。这时的气候比较适宜旅行。如广交会的时间选择就比较典型：分春、秋季，其中春季交易会的时间为4月中、下旬，秋季交易会的时间定在秋高气爽的10月。

(3) 观众可参与性。在欧美举办的展览会，一般要避开长假期。综合性的展览会，一般持续时间为4~5天的，最好选择一个双休日作为一般消费者的参与日，以增添展览会的人气。

2. 会展时间选择要点。按展览性质分，可将展览会分为国际展（包括出国展）和国内展。这里应注意的要点，主要是针对国际、国内两类展。

(1) 国际展（尤其是出国展）时间的选择，一般选择全年的办展旺季。如3~6月和9~10月。

(2) 国内展中除了综合性展销会或房产展、图片展等适合大众参观的展览外，国内展的时间选择应避开春节和“十一”黄金周等。

二、会展空间策划

1. 会展空间策划的原则。会展空间策划必须遵循以下三个原则：

（1）市场推广可行性。主要考察展览场所在地目标市场的大小及其对周围的辐射程度。适宜的展览场地，场地周边区域一般应是区域经济中心和商业贸易中心之一，理想的展览场地还应是将要展出产业比较发达的区域之一。

从展览对周围的辐射程度看，展览场地所在城市最好是区域经济发展较好、具有较强集聚效应，其城市的服务业对周边地区的服务程度比较高，产业间的配套联系比较紧密。

（2）观众可达性。主要考察展览场地的交通便捷性以及开馆、闭馆时间与周围交通线路的合理配置。一般大型展馆的选址已经考虑了交通便利的因素，如接近地铁站和主要交通线路（高速公路）的出入口，有众多的交通线路通过等。在举办大型展会期间，还应在开馆、闭馆期间设置临时增加的专线车，做好出租汽车的车辆调配等工作。

（3）场地适宜性。场地包括展出面积和展场设备两方面。选择展会展地，首先考虑展会总面积的大小，大的展出面积要选择大型展馆，以保证有足够的展出场地，而小型展示则可选择规模适中的展馆，与会议相配套的展示，甚至可以选在举办会议的宾馆展示区域或在会议场所附近的展示厅，以突出展示本身的功能。

2. 空间策划的要点。

（1）场地面积。要根据展出目标需要和展出预算情况确定场地面积。如果展出声势大，并且有足够的预算就要租用大面积的场地；如果是试探性的市场开拓展示，预算也不富裕，就要从紧控制展出面积。另外，以展出性质分，以宣传为主的展会要准备大一些的面积，有可能创造比较特殊的展示效果，而以贸易为主的展会一般的展出面积以够用为好。从方便参观者、“以人为本”的角度考虑，若是综合性的展览会或者是消费品展销会，展出面积要适当宽裕一些；若是专业展览会，只对目标观众开放，只要留出洽谈的场地，其他的辅助面积可尽量缩减。

（2）展出场地形式。展览场地的形式有多种，场地也是影响会展设计的重要因素。

①室内和室外场地。一般将展览馆内的场地称为室内场地，将露天的场地称为室外场地。露天使用的产品，如海滩休闲产品（太阳椅、遮阳伞）、庭院休闲用品以及一些超大、超高、超重的产品，都常选择在室外场地展示。

②净场地和标准展台。净场地就是没有任何展架、展具，需要自建展台的一块展览场地，它可以使展台更个性，但对参展者而言不免费时费力，比较适合于针对大公司或集体展出时使用。

标准展台是一种经济方便、成本效益较好的展出形式，其面积多为 9 平方米、12 平方米、15 平方米和 20 平方米以及这些数字的倍数，其中 9 平方米的最为常见。最基本的标准展台包括：三面墙板、楣板和常规照明条件。标准展台的优势是简便、经济，其成本可能仅是定制展台的一半左右，但也存在缺乏特色的缺点。

（3）展览活动区域。展览活动一般需要有以下几个功能区域，即展示区域、公共区域、洽谈区域、办公区域和储存区域等。展示区域的重点是各个展台，它也是整个展览会的重点；而公共区域是展览会的参展商共同使用的区域，也不能忽视，要尽量备齐各种设施；洽谈区域可以设在展位之间，也可以设置一个专门的区域；而办公区域一般设在展厅的入口处，同时展示各类展览介绍资料，这个区域可以是一个架子，也可以安排一间专门的办公室。

模块四　会展融合趋势与会展策划

一、以会议提升展览的效果

(一) 新闻发布会

新闻发布会是大型展览会不可或缺的环节，其形式包括记者招待会、新闻发布会、酒会等。在这些形式中，最为常见的是新闻发布会。

1. 新闻发布会的策划目的和原则。(1) 加强展览会的宣传，营造气氛，扩大声势，强化公众对展览会的知晓度；(2) 吸引更多的潜在参展商和参观者。新闻发布会将起到一个提前发布信息的作用，公开展会的有关信息，扩大招商和招展的范围和力度；(3) 深化展会的内容，通过媒体的作用加深公众对展会的印象。

2. 新闻发布会的策划要素。新闻发布会的策划要素有：目的、信息发布的目标受众、拟邀请对象、发布会规模。

3. 新闻发布会的策划事项。新闻发布会的策划事项有：活动策划与主题确定、节目策划与议程安排、资料准备、与会人员邀请、沟通与确定、时间、场地落实与场景布置、产品展示、演示与信息发布、现场气氛控制。

(二) 新闻发布会的策划要点

1. 新闻发布会类型。新闻发布会常见类型见表 2-2。

2. 设立筹委会。新闻发布会牵涉到方方面面，各项工作相互链接、相互联系、彼此交叉，必须统筹安排，多管齐下，同时进行，仅凭一己之力，很难完成。因此，企业应设立新闻发布会筹委会，统一协调。新闻发布会通常牵涉各个部门，一般来说，公司或组织的高层及分管副总会须在筹委会中担任一定的职务。公司高层，甚至于最高领导人在新闻发布会上会有些讲话和表态。在整个活动中，相关部门人员的工作可能在时间上会与其日常工作相冲突，赢得各个部门的理解和支持很重要。筹办新闻发布会，牵扯的精力和时间比较多，条件

表 2-2　新闻发布会的类型

类　型	风　格
政治性	严肃感
高科技产品类	正规中带有活泼
农业类别	亲切、环保
文化类别	文化感、历史感
一般工业品	科技感、品质感
娱乐类	活泼、前卫
时尚产品	经典中带有时代气息
工艺品类	经典、古朴
其他类别	相应的风格

许可的话，应该聘请专业公司代理。

3. 时间确定。策划过程中对新闻发布会筹备工作进行时间的控制,一般以时间进度表(倒计时)的方式来表现。注意在安排的时间上要合理,同时要留有余地,一般来说,前面的时间、进度要安排得紧凑一些,保证后面有时间来调整、完善。

4. 活动策划。新闻发布会活动策划主要包括如下内容：（1）会议议程策划；（2）策划发布会的主题；（3）确定参会人员。

5. 拟订活动策划案。**活动策划案是指导整个活动的战略、战术文本，供策划活动用**。活动策划案是现代企业中常用的应用文，主要内容有：活动名称、活动目标、活动内容、具体操作方案、活动预算等方面。

6. 新闻通讯稿及相关资料准备。新闻发布会前，工作人员将事前准备的新闻稿及其他相关资料整理妥当，按顺序装入广告手提袋或文件袋中，在新闻媒体人员到达时发放到他们手中。准备资料的顺序依次为：会议议程、新闻通讯稿、演讲发言稿、公司/组织宣传册、有关图片、纪念品（或纪念品领用券）、企业新闻负责人名片等。

7. 时间选择与场地落实、现场布置。

（1）时间选择。时间选择在新闻策划中是一种艺术，发布时机选择不同，效果迥异。企业发布会有时要避开重大的事件、会议及某些禁忌日，选择人们容易记起的日子。

（2）场地选择。场地的选择一般要综合考虑品位与风格；实用性与经济性及方便性。

（3）现场控制。现场控制是体现总协调人应变能力的一环。首先是预防变数的发生，其次，要在事前准备好备选方案，再次，注意积累现场的灵活应变的处理技巧。

（三）论坛

1. 配合展览会举办论坛的原则。涉及到展示或展览内容带有抽象性、先进性的展览会，一般都要策划一个或一系列的论坛活动。策划这类论坛要依据以下原则：

（1）关联性原则。即论坛的主题与展览会是密切相关的，如举办“工博会”时，论坛就是与工业发展、高新技术和影响工业和产业发展的大环境有关的内容。论坛主题与展览会形成良好的关联，便于实现论坛对会展的相互促进作用。

（2）深入性。论坛选题一般要深入挖掘展览会的主题，帮助展览会参观者就所关心的一些趋势作出判断，从而给人以深刻的印象。

（3）拓展性。论坛的主题一般是对展览会主要展示内容的拓展和延伸，如第五届上海国际工业博览会论坛作为2003年“上海工博会”重要组成和活动之一，紧扣“信息化与工业化”主题，分为发展论坛、科技论坛两大系列板块。

2. 策划要点。论坛是展会中一道绚丽的风景线，是与洽谈交易活动并重的一项内容，也是展会中最精彩、最受欢迎的活动之一。

3. 研讨会和产品推介会。研讨会和产品推介会对展览会的作用，都与论坛有相似之处。

二、以展览丰富会议的内涵

1. 新产品展示。新产品展示一般与一些专门会议、产品发布会或推介等相结合。

2. 图解图片与标语。为增强会议的气氛，使其更具有吸引力，可以在举行会议的同时举办一些生动活泼、具有感染力的展示，如图片等。

综合案例分析

MG 创造的空间

“2005 年的展会现在想起来依然让人感到惊讶”，MG——这家位于威斯康星州 Prairie 市的展览设计公司在业界确实不算有名，它的唯一优势也许在于：公司规模较小，对客户需求能够做出迅捷的反应，而且能够为客户量身定做各种展示方案。

所谓成功的参展，就是让参展商看起来与众不同。这是 MG 创意部门的工作理念。

具体策划中，MG 设法提高参展商的品牌知名度，还要尽可能让观众了解它在“定制方案”方面的特殊能力。要有效达到目的，让观众自己创造他想要的应当是最明智的选择。要使策划收到效果，必须从两件事开始入手：

(1) 要吸引到足够多的受众；

(2) 要让公司传递的信息在观众脑海中停留的时间尽可能地长。

为了第一个目标，公司开始不间断地向现有客户、准客户、预登记观众发出电子邮件，时间设定在展览开幕前三周。电邮中除了邀请客户参观 MG 的展台外，还附带有一个抽取 30G 苹果视频播放器的机会（每日）。

为了达到第二个目标，公司向潜在客户发出了直邮，11×4 英寸的信封上写有“创造你的个人空间”。颇具匠心的是，每个信封都嵌有一张带塑料条的白色卡片，轻轻滑动塑料条，卡片的中央能够呈现出不同的图画，效果有些类似于幻灯片。其中的一张“幻灯片”展示的是 MG 展台号码和奖品图案，另外五张依次是“颜色”、“味道”、“香气”、“声音”和“目的地”——它们构成“创造你的个人空间”的基本要素。

MG 希望客人了解，MG 能满足他们的任何需求。策划师说，“但是在让他们了解到这点之前，赋予他们‘自由创造的空间’是十分必要的。人就是这样，他们喜欢自己尝试，不愿意你喋喋不休地对着他们讲。”

整套运动完成后，MG 工作人员开始向客人展示 MG 曾操作过的成功项目，所有演示通过等离子屏幕展开。工作人员详细与客人讨论公司所能提供的解决方案。乳白色的桌面现在变成了谈判桌。除销售人员外，设计师也加入进来，体现了 MG 的专业性。

本单元知识结构图

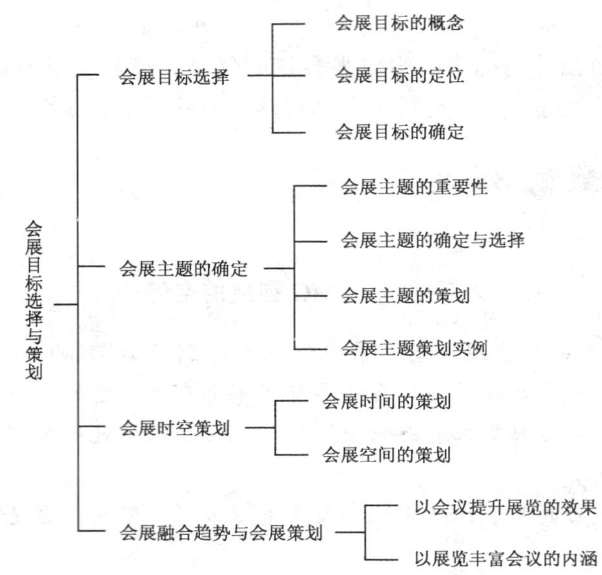

关键词

会展目标　会展主题　会展主题策划

练习与实训

一、填空题

1. ________就是指以引人注目的方式来吸引________、________、________和________来参与会展活动，希望通过会展活动来达到的目标，以此能够给予参加者效益。

2. ________是会议组织者的期望，也是会议所要完成的任务的总和。

3. ________，就是明确会议的目标，强调会议的宗旨，以一种清晰明了的方式表达出来，以吸引参加者。

4. ________是一项由主办国政府或政府委托有关部门举办的有较大影响和悠久历史的国际性博览活动。

5. ________是对会展的指导思想、宗旨、目的、要求等最凝练的概括与表述，是统领会展各个环节的“纲”，并贯穿会展活动的始终。

二、单项选择题

1.（　　）是展览活动必须达到的起码目标。

A. 基本目标　　　　B. 宏观目标

C. 战略目标　　D. 市场目标

2.(　　)是集会议、展览为一体的盛会，也是会展最典型的特例。

A. 主题会议　　B. 主题展览

C. 世博会　　D. 综合展览

3. 综合性的展览会，一般持续时间为(　　)天。

A. 2～3　　B. 4～5

C. 6～7　　D. 1～2

4. 在会议议程安排时，注意紧凑、连贯。一般控制在(　　)小时为宜。

A. 2～3　　B. 3～4

C. 4～5　　D. 1～2

5. 展览(　　)是体现总协调人应变能力的一环。

A. 现场控制　　B. 背景布置

C. 外围布置　　D. 相关设备

三、多项选择题

1. 从主办者的角度来说，举办一次具体的展览活动，其目标层次有：(　　　　)。

A. 基本目标　　B. 宏观目标

C. 战略目标　　D. 市场目标

2. 世博会的目标主要是通过参展方的活动策划来达到预订的一系列目标。即(　　　　)。

A. 促进经济贸易交流　　B. 促进参展国旅游业的发展

C. 提升参展国的总体形象　　D. 维护一种政治观念

3. 会展主题策划的特点是(　　　　)。

A. 时效性　　B. 独特性

C. 刺激性　　D. 通俗性

4. 会展时间的选择原则是(　　　　)。

A. 订货时效性　　B. 季节适宜性

C. 观众可参与性　　D. 场地空间

5. 会展空间策划的要点有(　　　　)。

A. 展出场地的面积　　B. 展出场地的形式

C. 展览活动区域　　D. 展出时间

四、判断题

1. 会展主题是贯穿于整个会展活动过程所反映的经济、政治、科学文化等社会生活内容的中心思想，也称为会展主题思想。　(　　)

2. 世博会从 1859 年开始以来，每届都有各自独特的主题。　(　　)

3. 会展时间的策划应根据实际的发展变化来决定行动的最终时机。　(　　)

4. 新闻发布会的策划要素有目的、时间、地点等。　(　　)

5. 新闻发布会常见的类型主要是科技、文化等方面。 （ ）

五、简答题

1. 简述会展目标的确定应遵循哪些标准？
2. 简述新闻发布会的策划目的和原则。
3. 简述新闻发布会的策划要点。
4. 简述论坛策划时应注意哪些事项？

六、实训题

实训项目名称：校园二手物品展销会策划。

实训目的：

1. 描述会展目标确立流程。
2. 知道校园展销会策划内容。
3. 会编制参展班级参展准备工作日程表。

实训内容：

学生模拟组展商主办展销会。

实训准备：

1. 人员准备：每组4～5人，分别扮演展览公司总经理、策划部经理、营销员及促销员。
2. 资料准备：二手电器、MP3、旧电脑等产品有关资料。
3. 实训地点：实训室或教室。

实训步骤：

1. 学生在教师指导下分组，并选择组长一名，评审员一名。
2. 分组讨论展销会目标，将讨论结果记录下来。
3. 策划展销会方案。
4. 绘制展台布置图、现场设施及路径标识图。
5. 展销会目标选择及策划用PPT展示并演讲。
6. 评审组对每组方案进行当众点评。

实训总结：

1. 什么是会展目标？会展目标选择有哪些规定？
2. 实训成果汇总展示：

（1）各组展销会展台分配图展示；

（2）展销会现场设施及路径标识图展示；

（3）开幕式布置图示。

实训评估：

1. 纪律得分：
2. 记录得分：
3. 资料得分：

总分合计：

第三单元 DISANDANYUAN

会议活动策划

学习目标

- □ 清楚会议的具体目标及会议主题的确定过程
- □ 了解会议形式和会议议程确定方法
- □ 知道开会时间选择、会议场所的布置要求、会议资料准备及会议规范的制定
- □ 清楚会议地点类型、寻找和选择会议地点方式
- □ 能够撰写会议活动策划方案

案例导读

独具创意的文博会

2007年11月7日，由文化部、广电总局、新闻出版总署和北京市政府共同主办，北京市贸促分会承办的第二届中国（北京）国际文化创意产业博览会在北京拉开帷幕。由于本届文博会独具的创意特色和丰富的文化活动得到国际国内各界的极大关注和响应。

一、热议“会议经济”

第二届文博会期间举办的中国国际会议产业论坛，也是我国首次对会议从产业经济视角进行专门研讨的国际论坛。本次论坛得到国际会议专业组织和权威机构的特别关注和热情参与，他们就我国会议相关产业与国际同业共同探讨会议经济内涵、产业特征、产业发展趋势及国际成熟会议经济运行模式。

二、“主论坛”受关注

11月8日举办的本届文博会主论坛——“2007中国文化创意产业发展国际论坛”筹备中即得到国际社会相关业界的关注和积极响应。十余位国际组织负责人、政府高层官员和全球文化创意业界知名人士出席论坛。论坛将2008北京奥运所体现的“人文奥运”理念与当今国家发展文化创意产业的战略相结合，着力

突出“文化创意与人文奥运”主题。

三、动漫设计大师助力文博会

在11月9日举办的“动漫设计大师国际论坛”上，有数位国际动漫设计大师登台演讲，与中国动漫设计制作、动漫教育和影视特效、网络游戏等领域的业内人士及数字艺术爱好者进行面对面交流。本次论坛为国内该专业领域的业内人士提供了解当今国际最新动画特效发展趋势和技术水平、感受国际数字视觉艺术发展前沿动态的机会。

四、设计创新提升计划亮相文博会

为鼓励创新，此次文博会的创意设计馆以“创新科技·创意设计”为主题进行展览展示，核心主题展区将对“设计创新提升计划”进行宣传展示。“设计创新提升计划”是一项通过政府宏观引导，优化整合设计资源，以科技和设计促进企业自主创新能力提升，带动文化创意产业发展的行动计划。

展会期待通过对设计创新提升企业品牌经典案例的介绍，让社会对“设计创新提升计划”有更深入的了解和关注。

想一想：

（1）本届文博会具有哪些独具创意的特色？

（2）本届文博会的“主论坛”是如何受关注的？

模块一　会议活动概述

一、会议及会议要素

（一）会议的概念

自从有了人类组织，就产生了会议。当今社会，会议已成为现代社会开展政治活动、经济活动、文化活动和其他活动的重要方式之一。

美国会议行业委员会（CIC）对会议的定义是：会议是指一定数量的人聚集在一个地点，进行协调或执行某项活动。

孙中山先生也曾说过：“凡研究事理而为之解决，一人谓之独思，二人谓之对话，三人以上而循一定规则者，则谓之会议。”

可以这样说，**会议是人们怀着相同或不同的目的，围绕一个共同的主题，有组织地聚集在一起的议事活动。**

会议有常见的全国性的年会，有为吸引大众或特殊目标举行的年会，有为作为决定而举行的各种政治会议，有发布信息的专业社团会议，也有为解决问题的会议以及为学习而举行的各种培训活动。现代会议早已超出了单一的政府会议格局，正朝着多元化方向发展，很多会议都直接带有商业目的并能产生巨大经济效益。

（二）会议的要素

1. 会议主办者。会议主办者是指对会议活动的组织、管理、协调负主要责任的机构或者个人。其主要任务是根据会议的目标和规划制定具体的会议实施方案，并为会议活动选择和提供必要的场所、设施和服务，确保会议正常进行。

一般情况下，会议的主办者即承办者，但有时也有所不同。如 2001 年 APEC 会议的主办者是中国政府，但具体承办者则是上海市政府。承办者要对主办者负责，具体职责由主办者决定或协商谈判确定。

随着会议中介服务的发展，现在有越来越多的主办者将会议委托给中介公司筹办，这样会议中介公司就成为具体承办者。

2. 会议议题。会议议题是指根据会议目标确定并付诸会议解决的具体问题。议题体现了会议目标,任何一项会议目标都要通过具体的议题来体现,并通过围绕议题的各项活动来实现。同时,议题还引导和制约会议的信息交流,议题是与会者交流信息的纽带,引导并直接制约会议的报告、演讲、商讨等信息交流活动。

一个好的议题能充分体现会议主题的思想内涵，起到启迪智慧、挖掘潜力、集思广益、促进共识的作用。

提示：

举行会议首先要明确为什么而“议”和“议”什么。为什么而“议”是明确目标，“议”什么则是明确议题。

阅读材料

APEC 会议议题

2001 年 10 月在上海举行的 APEC 会议的主题为：“新世纪、新挑战：参与、合作、促进共同繁荣”。这一主题下有三个具体议题：一是加强能力建设，开拓未来发展机遇，使各成员从全球化和新经济中受益；二是促进贸易与投资，推动建立更加合理的多边贸易体制；三是为亚太地区经济的可持续发展创造有利的宏观环境。

3. 会议与会者。与会者是指参加会议者，通常又称为会议成员。与会者是会议活动的主体。与会者的数量多少是决定会议规模大小的主要指标，与会的人数越多，会议的规模就越大。

根据会议成员在会议中的权利和义务不同，一般分为以下四种：

（1）正式成员。是指具有表决权、选举权、发言权和提案权的会议成员，同时正式成员也必须履行相关的义务。

（2）列席成员。是指有一定的发言权，但无表决权、选举权和提案权的会议成员。会议是否需要列席成员参加，由会议的组织者根据实际需要来确定。列席成员的人数一般不超过正式成员。

（3）特邀成员。是指主办者根据会议的需要而专门邀请的成员。“邀请哪些嘉宾，如何邀请”对于会议活动而言是灵魂，因为嘉宾构成了此类活动的主体，嘉宾也是吸引了与会者的重要因素。如果是会议型的，可以邀请权威主讲人；庆典型的就必须邀请重要人物剪彩。嘉宾通常是会议组织方、承办方的领导，行业内的权威，或者是会议举办地的政府官员。当然特邀成员的权利和义务由会议主办者或会议领导机构确定。

(4) 旁听成员。是指受邀请参加会议，但不具有表决权，也无发言权的会议成员。如公开性的会议允许记者、旁听成员、市民或组织内部的其他成员旁听。

（三）会议的特点

1. 会议是一种目的性很强的活动。举行会议都是为了满足一定的客观需要，解决现实生活中一定的实际矛盾和问题。会议是一种目的性很强的社会交往活动。举行会议必须事先确定明确的目的，没有目的的会议毫无任何意义。

2. 会议是一种高度组织化的活动。会议活动的目的是依赖于高度的组织性而实现的。只有具备了高度的组织性，才能使会议的各项内容程序化，各项活动有序化和制度化；才能使会议成员通过相互交流达成共识、形成决议，从而实现会议的目标。

3. 会议是一种群体性的活动。在社会交往过程中，人们常会遇到一些必须解决但凭个人能力无法解决的矛盾和问题，于是大家聚集在一起进行讨论、商议、交流，启迪智慧，共同制定办法，协调相互关系，融洽彼此感情，用集体的力量来解决矛盾和问题，达到目的。会议正是为了满足人们的这种社会需要而产生的，并且随着这种需要的发展而发展。

二、会议筹备

会议筹备是全面反映会议活动的会前、会间、会后的各项工作并对每一项工作的起止时间和主办者作出的明确规定。

会议筹备一般按以下步骤进行:主办者决定举行一个会议→选择或聘请承办者→指定策划委员会→选择会址→选择发言者→进行市场营销→举行会议。

模块二　会议计划与安排策划

与会者出于各自的目的来参加会议。如何让与会者参加会议之后能带着满意离开呢？这就要求会议必须有周密的策划。

一、确定会议主题

想一想：

如果要开一个经销商座谈会，你会给它确定一个怎样的主题？

会议主题是指在会议活动过程中始终贯穿于各项议题的主线。会议主题要明确，只有确定了会议主题才能够清晰地凸现会议目标。

会议主题要鲜明，要具有时尚、热点、新颖等独特之处，这样才能吸引与会者的眼球，达到会议目标与会议主题的“有的放矢”。

二、明确会议的具体目标

明确会议具体目标是要解决“为什么开会”这一最基本的问题。这就需要策划者在会前进行市场调研，掌握信息，分析情况，将会议召开的原因一一列举出来，并按重要性顺序排列。

根据实际需要，会议目标可以是一个，也可以是多个。但总目标与具体目标之间是统帅与被统帅的关系，具体目标必须服从于总目标。

相关链接

会议策划的相关要素分析

吸引与会者的因素、成功和失败的原因

最吸引与会者的因素		成功的原因		失败的原因	
	比例		比例		比例
高质量的教育	93%	精心策划的议程	97%	不相关的会议内容	96%
完善的配套服务	78%	有用的信息	96%	轻差的音响效果	93%
理想的目的地	73%	先进的技术/视听设备	79%	与听众不相适应的核算	89%
著名的演讲人	68%	听众的高度参与	79%	与会议不配套的信息	88%
充足的休闲时间	35%	优秀的餐饮服务	55%	会议不按时开始或结束	73%
		丰富的娱乐安排	37%	演讲人没有围绕主题	72%
				缺乏听众参与	68%
				没有自由时间	53%

三、确定会议形式

（一）会议目的和形式要相符

会议目的必须与形式相符，因为会议的形式往往关系到会议的目的是否能够实现或者在多大程度上能够实现。常见的会议目的与形式如表 3－1 所示。

表 3－1　　会议目的和形式

目　的	需考虑的事项	会议类型
处理信息（例如听取报告，发布指令，宣布或解释程序上的变化）	最多涉及三个人	非正式的
	涉及四个人以上，或一个团队	正式的
	要求反馈并讨论	正式的或非正式的
	让公司董事会了解最新形势	正式的
	涉及股东	年会或临时股东大会
	要告知公司外尽可能多的人，包括媒体	公开的
解决问题（例如处理不满）	涉及提供信息的发言人	新闻发布会一对一
	需要几个人或一个团队投入	专门委员会
	涉及紧急问题	临时的
作出决定（例如作出选择、获得授权、承诺采取行动）	需要立即讨论，或涉及非典型的商务问题	临时的
	涉及反复出现的商务问题	正式的
	要求一个组织的最高层进行讨论或授权	董事会
	要求公司的股东们授权	年会或临时股东大会

续表

目　　的	需考虑的事项	会议类型
激发创意（例如形成创造性的解决方法）	需要讨论创新的想法	正式的
	需要迅速地产生全新思想	头脑风暴
	需要对有关事宜的报告进行考虑、讨论或准备	正式的

（二）会议形式服从会议类型

一般来说，会议形式服从于会议类型，会议形式和会议类型是相互联系的，即一旦确定了举行何种类型的会议，会议形式就应当与其相适应。

1. 非正式会议。

（1）环境要求。非正式会议对环境布置没有严格的要求，会址一般选在小会议室、休息室等气氛相对轻松的场所，甚至也可以在走廊开非正式会议。

（2）几种非正式会议的特点：

①临时会议：不多于3~4人；小问题/紧急问题的解决；轻松的表情及肢体语言；迅速作出决定。

②小型会议：通过讨论来解决问题，提供反馈；讨论争议，多用大量鼓励性的目光接触，帮助你保持对会议的控制。

③头脑风暴型会议：产生新想法；灵活的创意；事先说明会议的目的和时间限制；轮流发言；避免评论或批评；判断新想法的可行性。

2. 正式会议。正式会议的类型及特点如表3－2所示。

表3－2　正式会议的类型及特点

正式会议类型	特　　点
董事会会议 由公司董事们参加。	★董事会通常定期召开，也许一个月一次，讨论公司事务。会议通常在董事会的会议室举行。 ★董事会会议由董事会主席主持，他是根据公司章程选举出来的。
常务委员会会议 是公司董事会下属的小组，它可能对经常性的事情负责，如一位总经理的薪金和业绩的年度评审。	★常务委员会定期召开会议来执行授权给它的任务。 ★公司董事会可以授权常务委员会代为采取行动。 ★常务委员会要向公司董事会报告，然后采取必要的行动。
专门委员会会议 公司董事会可以建立一个专门委员会，研究需要特别注意的问题。	★必要时专门委员会可以开会讨论专业性特别强的特殊问题，或详细分析复杂问题。 ★许多公司董事会发现难以在一个月内召开一次以上的会议，而专门委员会可以定期召开会议，而且涉及必要人员。
公众会议 对任何人都开放。这种讨论会的形式可被地方政府或私人活动小组所采用，用来与公众讨论各类事项；或为公司所采用，以讨论未来的发展。	★所有的成员被邀请出席公众会议。通常事先在当地社交中心、公共图书馆及地方报纸或杂志上公告。 ★公众会议的议程通常只有一项讨论的主要议题。

续表

正式会议类型	特　点
大会 在大会上，通常就一个主题做几个报告。有些大会对公众开放，另一些只限某些人参加，如公司雇员。	★这类会议适用于大量人员在短时期内交流信息。 ★虽然有时发言人会留有“回答问题”这段时间，但鉴于大会的规模，讨论和听众参与是很有限的。
外部会议 一个外部会议包括某几个组织内的一群人，如来访的行业工会代表。	★在外部会议上，保守机密是一个重要问题。与会者应仔细考虑哪些信息必须保密，为了达到目的哪些信息可以在会上披露。 ★外部会议可以在中立地点进行。
年会（AGM） 年会一年一次，常常是规定的，召集公司的董事与股东讨论过去一年的事务和未来的计划。	★年会允许股东向公司董事提问，要求他们就公司的业绩作出解释。 ★董事们利用这个机会寻求年度决算的批准，重新任命审计师，并讨论未来的计划和策略。
临时股东大会（EGM） 如果为了立刻采取行动而须获得股东的批准，则可召开临时股东大会。临时股东大会可以在两次年会之间的任何时候召开。	★应提前一些时间向股东们发出临时股东大会的通知，提前多少时间则视具体情况而定。 ★临时股东大会的操作规则通常与年会一样。

3. 变革中的会议形式。随着科技的进步，现在出现了很多新形式的会议。

(1) 电话会议。**电话会议是指身处异地与会者借助电话等通讯设备进行的不见面的会议形式。**电话会议的设备操作简单，便于掌握，与会各方虽然身处各地，但同样能达到大家聚集在一块开会的效果。

(2) 视频会议。**视频会议是指身处异地与会者借助互联网召开会议。**通过互联网传输视频文件和音频文件，使与会各方能够看到彼此的形象，听到彼此的声音。

(3) 电子邮件会议。**电子邮件会议是指与会各方将想要表达的思想通过E-mail与参会人员交谈。**如果习惯用E-mail方式进行交流，建议使用Outlook2000，该软件能够监测到会议的效果及参与人，以及控制会议的进度。

想一想：

如果让你组织一次会议，你将如何做到会议形式与目的相符？

四、设计会议议程

会议议程是对议题性活动的程序化，即把一次会议的各项议题按照主次、轻重的原则以及先报告、再讨论审议、后表决的次序编排并确定下来。

会议议程可分别采用下列方法设计安排：

1. 先主后次。如果次要的议题数量较多且需要花较多的时间讨论研究，或会议时间有限，可采取先主后次的方法，即会议一开始先讨论主要议题，以保证开会时与会者头脑清醒，精力充沛，同时也确保有足够的时间研究主要议题。

2. 先次后主。如果次要的议题数量较少，而研究主要议题可能要花较多的时间，可采取先次后主的方法，即会议开始后先将一些次要的议题解决掉，然后集中精力讨论研究主要议题。

3. 先报告，再审议，后表决。对需要提交会议表决的议题，一般应当先向大会报告或散发书面决议草案，再组织与会者审议、辩论、磋商、修改，最后付诸表决。

4. 先总结，再表彰，后交流。总结表彰交流会，一般采取先对某项工作或某项活动作总结性报告，然后宣布表彰决定和表彰名单并颁奖，最后进行交流发言并安排领导讲话。

5. 按议事规则排列。如已制定会议的议事规则，则议程顺序的安排应当遵守其规定。会议议程样本如表 3－3 所示。

表 3－3　　会议议程样本

1	开场叙述：举行的原因、目标以及需要的时间
2	将要讨论的问题
3	发布各种解决方案
4	决定解决方式
5	制订计划以解决问题
6	分配任务以实现计划
7	制订执行程序
8	总结、散会

五、选择开会时间

高效的会议离不开科学、合理的时间安排。如何确定会议时间，不仅要考虑与会者具体情况，还要考虑不同的会议也有不同的时间选择。会议时间选择要考虑到两个方面问题：一是什么时候召开会议最为合适，二是会议时间的周期。

一般来说，公司或单位的例会安排在周二或周四上午 8：00—11：00 或下午 2：00—4：00 进行比较合理。这是由人们的心理接受和生理状况等因素所决定的。如果是纪念性会议，放在纪念日举行最能突出其主题；庆祝性、招待性会议安排在相关节日前夕召开效果最佳。

会议的周期要依据会议的实际需要来确定。一般要考虑会议的各项议程是否能够完成；与会者能否充分表达意见；是否留有一定的机动时间等。

六、会议场所的布置和容量

会场的布置取决于会议的性质。会场布置要考虑如下事项：

（一）营造会场气氛，选择合适座位形式

1. 会场气氛策划。是指根据会议主题选择文字、图案、色彩和实物等装饰物烘托会场气氛的装饰方案。文字性装饰直接揭示会议的主题，图案性装饰则形象地说明会议主题。会场装饰的作用最终是要落实在能够增强会议的功能、实现会议的目标上。会场装饰的主要内容包括：

（1）会标。是指以会议名称为主要内容的会议信息的文字性标志。它具有会议名称的诸项功能，如揭示会议主题、性质、主办者等。国际性会议的会标可以用中文和外文同时书写，也可以用英文书写。会标一般以醒目的横幅形式悬挂于主席台上方的沿口或布景版上，或用计算机制成幻灯图片，映射于天幕上，以增

强会议的现代感效果。

(2) 会徽。是体现或象征会议精神的图案性标志，一般悬挂在主席台的天幕中央，形成会场的视觉中心，具有较强的感染和激励作用。会徽一般有两种来源：一种是以本组织的徽志作为会徽（如国徽、团徽、警徽等）；另一种是向社会公开征集，选择最能体现或象征会议精神的图案作为会徽。

(3) 标语。把会议口号用醒目的书面形式张贴或悬挂起来，即成为会议的标语。会议标语是一种书面符号系统，与会徽、画像、旗帜等装饰物相比，能直接张扬会议主题，因而具有更加显著的宣传效果。标语口号是为宣传会议主题服务的，制作时一定要切合主题，体现会议的目标。广告心理学领域专家经过大量的调查统计，提出这样的忠告：一般情况下，广告口号不宜超过 13 个字，否则接受度明显下降。这一忠告对于会议标语的制作同样适用。标语可以清一色，也可以五彩缤纷，可横挂、竖挂，也可用氢气球等悬吊在半空中。

(4) 旗帜。隆重的会议宜在主席台及会场内外升挂一些旗帜，以增加会议的气氛。

(5) 植物和花卉。会场内外适当布置植物和花卉能烘托会议的气氛，给人一种清新、活泼的感觉，并能减轻与会者长时间开会的疲劳。

(6) 灯光。灯光的强、弱、明、暗及颜色，会给会场带来不同的视觉效果。一般情况下，宜使用白炽灯和日光灯作为会场的照明光源。由于主席台是会场的中心区域，其照射光线的亮度应当比主席台下稍强，以突出主席台的地位。由于会议活动是一种互动的交流方式，主席台的领导要随时了解台下的情况和反映，因此台上台下的光线反差不能太大，这一点与舞台演出时的灯光布置有明显的不同。

2. 会场座位格局策划。会场座位格局策划是会场布置的首要任务。会场大小和与会人数多少是制约会场座位格局设计和安排的两个重要因素。在策划座位格局之前，应事先进行会场实地考察，根据主席台就座人数和代表人数以及会场内必需的活动空间和安全性因素，确定座位的疏密程度和结构形状。不同的座位格局所形成的会议氛围和产生的心理效果是不同的。比如，座谈会一般都采取围坐的格局，不设专门的主席台，会议气氛非常融洽。报告会则需专门设主席台或讲台，以突出报告人的主导地位。因此，会议的座位格局还要依据会议的性质和需要来确定。此外，会场的座位格局还具有政治意义，与政治有着密切的联系。比如“圆桌会议”这一提法，就是产生于表示对话各派政治力量地位平等的格局。现在，“圆桌会议”已经成为各派政治力量平等对话协商的会议的专用名词。会场座位格局大体上可分为上下相对式、全围式、半围式、分散式、并列式五种，如图 3－1 所示。

图 3－1 中各种座位格局布置选用场合如下：

• 上下相对式。上下相对式座位格局的主要特征是主席台和代表席采取上下面对面的形式，从而突出了主席台的地位。

• 全围式。全围式格局适用于召开小型会议以及座谈性、协商性等类型的会议。全围式格局有圆形、长方形、八角形、“回”字形等具体形式。

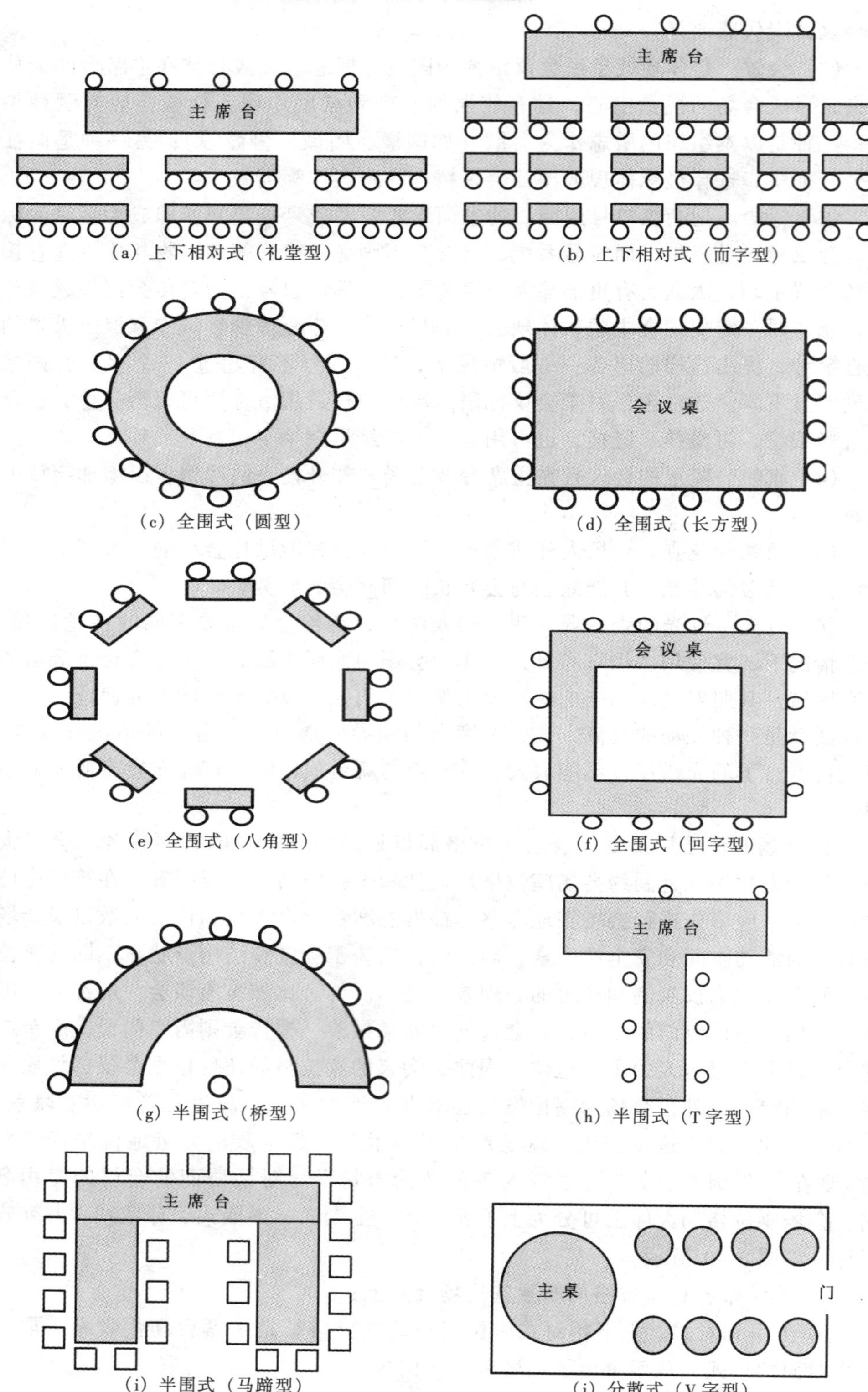

(a) 上下相对式（礼堂型） (b) 上下相对式（而字型）

(c) 全围式（圆型） (d) 全围式（长方型）

(e) 全围式（八角型） (f) 全围式（回字型）

(g) 半围式（桥型） (h) 半围式（T字型）

(i) 半围式（马蹄型） (j) 分散式（V字型）

图 3－1 各种座位格局

• 半围式。半围式座位格局介于上下相对式和全围式之间，即在主席台的正面和两侧安排代表席，形成半围的形状，既突出了主席台的地位，又增加了融洽的气氛，适用于中小型的工作会议等。

• 分散式。分散式座位格局是将会场座位分解成由若干个会议桌组成的格局，每一个会议桌形成一个谈话交流中心，与会者根据一定的规则安排就座，其中领导人和会议主席就座的桌席称作“主桌”。这种座位格局既在一定程度上突出主桌的地位和作用，更重要的是也给与会者提供了多个谈话、交流的中心，使会议气氛更为轻松、和谐，适合于召开规模较大的联欢会、茶话会等。

• 并列式。并列式座位格局是将会见与会谈的座位安排成双方纵向并列或者横向并列的格局。

(二) 准备会议所需用品

会议所需用品有麦克风、书写挂纸板、笔记本电脑、录像播放机、饮料和会场布置用品等，以及会议代表们需要的笔记本、笔、茶或咖啡饮料等。

七、准备会议资料

1. 文案。文案一般是经过仔细推敲的，其中清楚列明参加会议的益处是什么，以及预期要达到的效果。

2. 资料袋。资料袋是会前发给与会者的。资料袋里一般包括以下资料：(1) 会议议程；(2) 让与会者了解的有关领导将在会议上作报告的提纲或报告的主要内容；(3) 有关图文资料；(4) 与会人员在会上讨论或交流发言时需要作记载的表格。

3. 会议签到表。在会议开始前，为了检查已经通知过的与会人员到会情况，有必要事先准备好会议签到表。

以下建议也许对准备资料有所帮助：

➢ 文案要合理使用文字。

➢ 明白告知与会者参加会议的意义、会议的目的等。

➢ 有的内容要用着重号标明以示强调。

➢ 为引起与会者重视，可提供会议筹划的最新信息。

➢ 如果资料中有图片，要注以文字说明。

➢ 正文要简明，重要信息要明确。

➢ 正文中要有行动指令，如“将您的登记表传真给我们或打电话告知”或“填表后请及时上交会务处”等。

八、制定会议规范

会议规范指的是大家达成共识的会议守则，会议期间就照此守则来进行。下列十点建议仅供参考：

1. 所有与会者应将每日及每周的工作表提交给会议安排人，以找出最适合开会的时间。

2. 要做会议简报，简报内容可以通过电话、传真或电子邮件来议定。

3. 超过1小时以上的会议，应有正式的书面会议通知、清楚的议程表以及相关的议事资料。

4. 准时开会和结束会议。所有与会者都要在会议开始前准备就绪，并把可能打断开会的所有因素都要排除。同样，会议也必须在规定时间内准时结束。

5. 各业务部门负责人对达成会议规范起着至关重要的作用，会议规范最好由各部门负责人自愿达成。

6. 所有与会者都应知道：会议桌上应维持他人的尊严，不允许任何人在会中羞辱他人。

7. 讨论中意见不同是允许的，这样才能面面俱到。与会者应以批判性的角度思考每一提案。

8. 会议结束两三天后，与会者应该拿到会议记录，或者将会议记录在众所周知的地方张贴。

9. 所有与会者应每隔一年，通过公司内部的评估表，检查所属单位的会议是否有效率，并提出改进的建议。

10. 各人在会议中的表现也应列入会议评估的范围之内。

模块三　会议地点的选择

会议地点的选择是决定会议能否成功举办的关键因素之一，也是至关重要的第一步。

一、会议地点的类型

1. 酒店。在会议目的地（城市）的选择要素中，有一个重要的因素是接待会议的饭店和设施。酒店可以提供舒适的环境、精美的食物和良好的服务，在一定程度上可以弥补会议专用设施不足和其他方面的缺陷。

2. 会议中心。国际协会定义的会议中心要具有以下条件：（1）有60%的业务来自会议；（2）提供会议所需的全部设施（包括功能性房间、各类设备、卧室、餐厅以及娱乐区）；（3）拥有能够随时为会议承办者和与会者提供帮助的专业人士。

3. 大专院校。大专院校能够提供较先进的会议设施，比较适合专业团体或者研究机构举办的诸如在会议中有正式报告提交讨论一类的会议。会议期间，与会人员的住宿可以利用校内宿舍。大专院校浓厚的知识气息对与会者也是良好的熏陶。但是，有的现代化的大学位于比较偏僻的地区，有的学校的教育设施在假期中不能租用，这是会议组织者应纳入考虑范围的因素。

4. 轮船。轮船也可以作为会议地点。有些轮船是专为会议设计的，它们可以提供特殊的会议设施，如会议室及录像放映设备等。

现代湖船承载贸易部长会议

2001年在上海举行APEC贸易部长会议时，对会议的举行地进行了一番内涵深意的策划。上午的会议安排在上海国际会议中心举行。下午则移师到被誉为“中国第一水乡”的周庄，在一艘名为“周庄舫”的大型湖船上继续举行。周庄是一个历经千年沧桑的古镇，依然保存着“小桥、流水、人家”的典型水乡风貌，已被联合国教科文组织列入世界文化遗产保护预备名单。选择周庄作为APEC贸易部长会议的另一个会址，一方面可以向世界展示，一个国家在积极参与经济全球化和对外开放的同时，仍然可以很好地保留民族文化、民族传统和民族的价值观念；另一方面由于周庄美丽的环境，使会议气氛很轻松，在这样的氛围中讨论比较重大和困难的问题，更容易达成一致。同时也必定给与会者留下深刻的印象。

5. 疗养地和主题公园。有些疗养地和主题公园因具备各种会议设施，还可以为与会者提供更多的康乐设施，往往被会议组织选为会议地点。

6. 公共建筑。国家或当地政府所有或经营的建筑有时可以出租用于举办会议，如果想在这类地点举行会议，可以联系相关的政府部门进行协商。

7. 协会和公司内部的会议地点。协会和公司在主办会议的时候可以使用公司内部的场所。选择公司的董事会会议室或股东会议室作为会议地点,不但可以提高会议的声望,还能让不能到公司以外的地方参加会议的高层管理者参与会议。

二、寻找和选择会议地点

寻找会议地点的方法有多种，主要包括通过名录和宣传册、网站、CD－ROM和DVD、贸易展示会、贸易出版物和专业代理机构。

三、考察会议地点需要注意的具体问题

考察会议地点需要综合考虑以下具体问题：

1. 会议的举行地是否具有足够的接待能力。
2. 会议的场馆及其周边环境是否能够确保会议的人身安全、信息安全和财产安全。
3. 环境是否适宜。包括空气质量、气候影响、噪声大小等因素。
4. 会场大小是否适中，过大或过小都会影响会议的气氛和效果。
5. 会场内的设备（如电梯、音响、空调、照明等）是否能够满足会议的实际需要。
6. 会议所在地是否具备必要的通信设施以满足新闻采访和报道及时性的要求。
7. 会场距离是否适当。一般而言，主办者离会场太近，会议容易受主办单

位内部事务干扰，太远照顾不便，适中为好。同时应考虑会场与住宿的酒店之间、主会场与分组讨论的会场之间的距离，这种距离当然是越近越好。

8. 会场规格是否适当。

9. 是否可用现代通讯手段召开会议。

四、会议需要的基本视听设备

1. 屏幕投影机。安放屏幕的位置、角度一定要恰到好处，使演讲人的头不用离开讲桌上的麦克风便能看见屏幕。屏幕的大小取决于房间的空间。屏幕底部与地面的距离应该不少于 1.22 米。放映机一般放在会议室里离观众较近的地板上，但要注意避免噪音影响听众。电视录像机要视电视屏幕的大小和与会人员的数量而定。采用多媒体，必须要确保会议室内有足够的空间容纳各种所需设备。

2. 灯光。灯光亮度一般应该调暗，以便屏幕上的画面能够清晰，但也不能太暗，否则观众无法记录。需要注意的是，幕后放映机比幕前放映机能适应较强的光，但也需要更多的空间。

3. 音响系统。对一般音响系统来说，最基本、最重要的器材由四部分组成，即音源、调音台、功率放大器、音箱。另外还可以配用各种校正、美化音质的声音处理器材。

模块四　会议活动策划方案

一、会议活动策划要素

无论多么复杂的策划工作，都可以将其要素概括为六个方面，即通常所说的做什么（What）、为什么做（Why）、何时做（When）、何地做（Where）、谁去做（Who）、如何做（How），简称 5W1H。

1. 做什么（What）。是指明确策划工作的具体任务和要求，并确定每一个阶段的中心任务和工作重点。

2. 为什么做（Why）。是指明确策划工作的宗旨、目标和可行性。

3. 何时做（When）。是指具体规定策划中所涉及的各项工作的进度，以便于从整体上对活动进行有效的控制并对有限的资源进行平衡。

4. 何地做（Where）。是指根据策划实施所需要的环境条件和限制，具体规定策划的实施地点，以便合理安排场所的空间组织和布局。

5. 谁去做（Who）。是指确定各策划项目的具体实施部门与实施者。

6. 如何做（How）。是指包括制定的措施以及相应的政策和规划，对资源进行合理分配和集中使用，对各种计划进行综合平衡等。

虽然每项活动的策划看起来都不尽相同，但是科学策划的步骤却具有普遍性。具体到会议活动策划来说，组织管理者应遵循以下步骤：估计机会→确定目标→确定前提条件→确定备选方案→评估备选方案→选择方案→拟订部门计划→编制预算→实施策划并评估。

1. 估计机会。会议组织者应对会议环境中的机会有一个总体估计，确定能够取得成功的可能性。

2. 确定目标。目标即本次会议活动希望达到的最终结果。

3. 确定前提条件。前提条件事关会议活动的成功与否，所以组织者应根据每次会议活动的不同情况，采取相应的措施。

4. 确定备选方案。既定目标的实现往往不可能只有一种途径，因此下一步工作就是集思广益、开阔思路，鼓励大家大胆创新，为目标实现确定几种备选方案。

5. 评价备选方案。备选方案确定之后，应该根据预先设定的目标和前提条件，通过考察和分析，对各种备选方案进行认真的评价。

6. 选择方案。这是整个活动流程中非常关键的一步。它的完成需要建立在前几步工作的基础之上。

7. 拟订部门计划。选定方案并不意味着工作已经结束，还需要各个部门制订计划以支持总策划。

8. 编制预算。为了实现目标而制定的具体行动方案，究竟需要多少资金投入，需要一份详细的预算。

9. 实施策划并评价。再完美的策划都难免会遭遇现实情况的变化。因此，在实施过程中，要适时进行调整。

二、"工作进度表"的制定

为了使会议策划合理地推进，会议组织者首要工作就是制定一份完整的工作进度表。会议的筹备工作进度分三大阶段：会前、会期、会后。下面以大型国际学术研讨会为例说明如何制定"工作进度表"。

1. 会前。此阶段通常时间最长、事情最多，要筹备的事项很多，所以最好早一点开始进行。

(1) 会前两年半。确定会议日期与场地；评估财源并制作预算；成立筹备委员会；成立秘书处；设计会议标志；确定酒店房间数的预订；确定会议室使用数量；制作工作进度表；搜集并准备宣传寄发名单；定期召开筹备会议，审视各项工作进度及决议。

(2) 会前两年。制定筹备企划书，确定会议宗旨、内容、主题及工作进度表和预算；拟定推广计划；选定合适的会议专业顾问公司；草拟学术节目，确定拟邀请演讲者名单；决定费用及相关费用；搜集旅游、文艺等资料；决定会议是否采用同步翻译。

(3) 会前一年半。草拟会议通告，含邀请函、会议日期地点、主题等；印刷并寄发会议通告；确定学术节目形态及内容；确定社交节目的安排；设定大会所有印刷品的印刷时间表并与印刷设计公司协调；确定所有将寄发给报名与会者的宣传手册应包括资料，并着手草拟宣传手册及报名表、论文摘要表、订房登记表；设计网页。

(4) 会前一年。草拟展览说明书及合约；搜集参展厂商名单；印制并寄发宣传手册及相关表格；确认演讲人是否接受邀请并请提供演讲题目及摘要；选制大会纪念品等；报备政府有关单位本次会议的举办时间；联络并确定会议各项安排的供应厂商。

(5) 会前六个月。审核投稿的论文；安排节目议程并挑选邀请各级主持人；寄发通告函和投稿人；寄发通知函给所有受邀请的主持人。

(6) 会前三个月。发布新闻；邀请开闭幕典礼出席贵宾；现场工作或接待人员规划及招聘；草拟设计大会节目手册；安排 VIP 接机事宜；会场布置设计发包；报到处使用规划；确认各项餐饮安排；社交活动表演节目设计。

(7) 会前一至两个月。通讯报名截止；与酒店核算已订房数量；现场接待人员训练；印制大会节目手册、学术论文摘要集、与会者名册；印制大会相关印刷品；检视各项活动/节目/餐饮的安排；展览厂商协调会；检视会场各项准备工作。

2. 会期。所有会前的筹划、准备就为了这几天的会期。会前三天至会期工作如下：召开记者会；现场接待/工作人员预演；报到相关资料装袋；检视各场所布置；各项节目、表演彩排；会场桌椅摆设确认；报到资料及大会相关资料进场；检视餐饮安排；大会正式开始。

3. 会后。会议闭幕后，并不代表会议工作的结束。会后一个月内应做好如下总结工作：统计报名人数；与酒店核对总住房数；财务结算；寄发感谢函；举行庆功宴；整理大会相关资料并归档；召开总结会报告收支情形；论文集编撰；薪资清册，以备次年初申报所得税；结案。

三、会议活动策划方案实例

现在以一日会议的策划方案为例，供进行会议策划时参考。在实际会议策划时，可能会有诸多变化的因素。

以 35~50 名与会者参加的一日会议策划的方案为例。一日会议大多数都是为在附近地区居住或工作的人举行的（见表 3-4）。

表 3-4　　一日会议活动的策划方案

时　间	活　动	地　点
8：30	签到	酒店大厅
9：00	上级领导致辞	会议室
9：10	主办单位领导致辞（开幕辞）	会议室
9：20	承办单位致辞	会议室
9：30	代表或专家发言	会议室
10：30	茶歇	休息室

续表

时　间	活　动	地　点
10：50	代表与专家发言	会议室
12：00	午餐	酒店餐厅
14：00	交流会	会议室
15：30	茶歇	休息室
15：50	全体总结大会	会议室
17：00	会议结束	
17：00-22：30	宴会、联谊会	大厅

四、会议突发事件对策的策划

会议策划的另一个关键因素就是出现突发问题时如何处理，早作准备，未雨绸缪。但事实上即便你运筹帷幄，突发事件也有可能发生。

1. 会议突发事件对策的策划。虽然不可能预测到所有可能的问题，但可以事先做好准备工作，以对付各种突发事件。

（1）预测不可预知的情况。会议策划突发事件的对策就是采取措施去处理计划外的突发事件。要认真考虑哪些地方会出现问题，并能确切地知道应当如何缓解危机、解决问题。

（2）尽早策划。最早的应对突发事件策划可能主要涉及一些管理上的问题，如预订量不够时应当如何去做，IT 系统出现故障应该怎样处理，由于生病等原因出现人手不够应该怎样办。

（3）二次策划。在活动的准备阶段，要不断地、适时地对策划进行复查。以便一旦突然出现问题，仍有时间亡羊补牢。

2. 常见的会议突发事件对策的策划。事实证明，只要及早策划和预测，勇敢面对问题，进行理性判断，很多问题是能够一一化解的。一般来说，会议活动中常见的突发事件及对策有：

（1）原定的主要发言人缺席。最好是能提前策划如何应对发言人无法完成指定任务的情况。如果该发言人微不足道，那你可以安排一次休息或替代；如果发言人是重量级的权威人物，他的发言还是整个活动的核心，那么你就要想好如何向与会者解释。

（2）登记代表数量不够。如果最后的登记与会者人数太少，那么就要好好想想取消活动的损失是多少，不过有时赔本也得继续进行会议。

（3）代表们没出席。会议代表因各种原因未能出席，如果是少数人未到，会议可以正常进行，但如果因多数关键代表未到而影响会议表决结果，可以采用延期或视频会议形式进行弥补。

（4）发言人表现不当。如果邀请的发言人因特殊原因表现不当时，主持人应及时对所发言的主题进行必要的归纳与补充。

（5）某位代表言行不当。会议进行中如果某位代表言行不当时，主持人应采用诙谐的语气转换话题，转移与会者的注意力，并及时请出下一位代表发言。

（6）在活动前，会场出了大问题。活动前会场出现了大问题，应及时与场馆联系进行处理或调换会议室。如果处理需要较长时间又无法及时调换会议室，则应及时与代表沟通调整会议进程，如安排参观考察后再继续会议。

（7）有国家性的重要活动与本次会议同时举行。如果遇到国家性的重要活动与本次会议冲突应及时将会议延后。

（8）重要的健康问题。如遇“非典”等影响代表健康的问题出现，应以人为本及时中止会议，并采用如视频会议形式完成会议议题。如果会议进行中出现这类问题，应加强消毒措施，并减少次要议题，提前结束会议，并确保代表安全返回。

（9）有人突发急病。会议进行中如遇代表突发急病，应派专人进行救护，确保代表生命安全。

（10）饮食供应令人不满。会议期间，如果因准备不当造成饮食供应令代表不满，应及时向代表道歉并及时改正。

（11）影响代表们到会与离会的主要交通问题。如遇不可控交通问题，应及时通知与会代表会议延期。如果会议中途遇到此类问题，应做好解释工作，并妥善安排会议代表生活，尽最大努力安排代表们及时返程。

（12）严重的IT系统问题。会议期间如遇严重的IT系统问题，则应启用备用系统，确保会议正常进行，如使用便携式投影仪、计算机、手提扩音器等。

总之，在策划时，尽可能多地考虑可能出现的问题，提前做好预案是保证会议正常进行的必要工作。

综合案例分析

技术交流也“疯狂”

在北京中国国际展览中心举办的第十届中国国际机床展览会（以下简称机床展），作为机床展的配套活动之一的76场技术交流会几乎场场爆满。机床展技术交流会能如此“疯狂”，都是技术惹的“祸”。

一、抓住听众的“心”，参展单位技术具有一定代表性

主讲单位舍弗勒（中国）有限公司有许多忠诚度极高的铁杆追随者。舍弗勒主讲四场技术交流会，场场爆满。与会者认为，主讲单位的技术具有一定代表性，通过技术交流会这个难得的窗口，听众可以了解到国内外最先进的新技术、新产品。

机床行业技术发展速度之快是众多听众热衷于参加技术交流会这一现象的原因。机床行业要发展，技术更新至关重要。技术交流会能让更多人把握技术发展脉搏。

二、参展商不放过交流会——交流平台

主讲企业对于机床展技术交流会倾注了极大的热情，抓住机会绝不“放过”。肯纳飞硕的一位工作人员表示，对于参展商而言，在展会期间举办技术交流会，能对产品进行更深入的诠释。在展会期间举办技术交流会，专业听众不请自来，甚至极其踊跃，这么难得的机会公司自然不会轻易“放过”。

在往届机床展上尝到过甜头的西门子，大胆地将两场技术交流会都设在能容纳 200 人的大会议室，可还是拥挤不堪，对此，西门子工作人员既得意又无奈。

三、展会与技术交流会相辅相成是主办方招商招展的杀手锏

技术交流会是本次机床展的一大亮点，使展会成为充分交流信息、促进相互学习的场所，使展会内涵得到进一步提升。此次技术交流会吸引了近 6000 名专业听众，而且听众和参展商都表示满意，效果非常不错。由于此技术交流会定位于展会所属行业核心话题、前瞻性话题的讲座和具有情报信息价值的研讨会、技术交流会等配套活动，吸引了大批潜在的目标观众。

本单元知识结构图

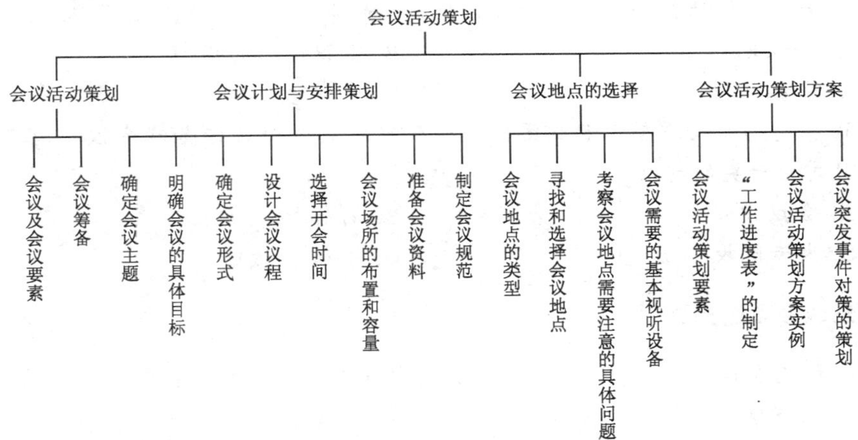

关键词

会议　会议议题　会议规范　会议议程　会议主题

练习与实训

一、填空

1. 会议是人们怀着________或________，围绕一个________，有组织地聚

焦在一起的________。

2. 会议主办者是指对会议活动的________、________、________负主要责任的机构或者个人。

3. ________是指根据会议目标确定并付诸会议或解决具体问题。

4. ________是指在会议活动过程中始终贯穿于各项议题的主线。

5. ________是指以会议名称为主要内容的会议信息的文字标志。

二、单项选择题

1. (　　)是指具有表决权、选举权、发言权和提案权，也必须履行相关的义务。

A. 正式成员　　B. 列席成员

C. 特邀成员　　D. 旁听成员

2. 把会议口号用醒目的书面形式张贴或悬挂起来，即成为会议的(　　)。

A. 会标　　B. 会徽

C. 标语　　D. 旗帜

3. (　　)和与会人数多少是制约会场座位格局设计和安排的两个重要因素。

A. 灯光　　B. 会场大小

C. 会场标语　　D. 会标

4. 会议时间选择一是什么时候召开会议最为合适，二是(　　)。

A. 会议地点　　B. 会议时间的周期

C. 会议类型　　D. 会议形式

5. (　　)比较适合于专业团体或者研究机构举办的诸如在会议中有正式报告提交讨论一类的会议。

A. 会议中心　　B. 酒店

C. 大专院校　　D. 轮船

三、多项选择题

1. 根据会议成员在会议中的权利和义务不同，一般可分为(　　　　)。

A. 正式成员　　B. 列席成员

C. 特邀成员　　D. 旁听成员

2. 会议议程可分别采用(　　　　)方法设计安排。

A. 先主后次　　B. 先次后主

C. 先报告，再审议，后表决　　D. 先总结，再表彰，后交流

E. 按议事规则排列

3. 会议资料具体包括(　　　　)。

A. 文案　　B. 资料袋

C. 会议签到表　　D. 文具

4. 寻找会议地点的方法主要包括(　　　　)。

A. 名录和宣传册　　B. 网站

C. CD-ROM 和 DVD
D. 贸易展示会
E. 贸易出版社
F. 专业代理机构

5. 会议的筹备工作进度分三个阶段，即(　　　　)。

A. 会前
B. 会期
C. 会后
D. 会议地点

四、判断题

1. 旁听成员是指受邀请参加会议，具有表决权和发言权的成员。(　　)
2. 明确会议具体目标是解决为什么开会这一最基本问题。(　　)
3. 会议地点的选择是决定会议能否成功举办的一般因素。(　　)
4. 会议策划的另一个关键因素就是出现突发事件时如何处理。(　　)
5. 会议结束后，会议工作也就结束了。(　　)

五、简答题

1. 简述会议的特点。
2. 简述会议筹备一般按什么步骤进行。
3. 简述国际协会定义的会议中心要具有哪些条件。
4. 简述考察会议地点需要综合考虑哪些具体问题。
5. 简述会议活动中常见的突发事件及对策。

六、实训题

实训项目名称：学校学代会策划。

实训目的：

1. 描述会议主题与目标确立流程；
2. 知道会议的组成要素；
3. 能编制会议进程表。

实训内容：模拟组织学代会。

实训准备：

1. 人员准备：每组4~5人，分别扮演学生会主席、校长及学生管理人员。

2. 资料准备：学代会工作报告（可以从网上下载）、校长祝贺词、主持人串词、学生代表讲话稿、新一届学生会候选人名单。

3. 实训地点：实训室或教室。

实训步骤：

1. 本次实训分两次课进行，第一次学生在教师指导下分组，每组选举一名同学任组长。

2. 每个小组独立确定会议议题、撰写进程表、发言稿等文案。

3. 各组推选一人组成会务组，会务组同学负责会场布置的准备工作，如横幅、标语、会标等制作。

4. 每组组长用 PPT 介绍会议议题及进程等文案。

5. 教师对每组方案进行当众点评。
6. 第二次实训由学生组织一次学代会，会务组同学布置会场。
7. 第一组同学负责角色扮演。
8. 第二组同学负责整理协调各组文案。
9. 其余各组同学作为与会者参加会议。
10. 教师点评会议组织与实施。

实训总结：

1. 什么是会议目标？会议目标选择有哪些规定？
2. 实训成果汇总展示：

(1) 各组展示会议文案；

(2) 会议室现场布置；

(3) 学代会会议布置图示及座位分配。

实训评估：

1. 纪律得分：
2. 记录得分：
3. 资料得分：

总分合计：

第四单元 DISIDANYUAN

展览策划

学习目标

- □ 了解展览项目常用的市场调研方法
- □ 知道展览项目可行性分析的内容
- □ 明确展览立项：名称、时间、地点策划原则
- □ 了解展览会的招展、招商和宣传推广计划
- □ 清晰展览会的进度计划和现场管理计划

案例导读

车展新秀——北京国际汽车工业展览会

目前，堪称世界级的车展共有五个。北美车展素有“未来之窗”的美誉，每年1月5日左右在美国汽车之都底特律举行，全球所有汽车公司都会利用这次机会推出自己的概念车，所以此汽车展看起来更像是一场“时装秀”。每年三月在瑞士举行的日内瓦车展被称为“豪门之宴”，展出的车型不仅新颖而且以豪华车居多。巴黎是个浪漫之都，巴黎车展也不例外，它就像一个“浪漫派对”，许多车在展出的同时进行拍卖，寻求买主，商业味很浓。每年深秋十月开幕的日本东京车展，单数年举办轿车展，双数年举办商务车展，车型种类繁多，堪称“东瀛之舞”。德国法兰克福车展是目前世界上规模最大的车展，无论是汽车制造商还是观众都喜欢去法兰克福赴一场“汽车的奥运盛会”。

近年来中国国内车展市场也开始逐渐兴旺，尤其是两年一届的北京国际汽车工业展览会（Auto China）。北京车展自1990年创办以来每逢双年在北京中国国际展览中心和全国农业展览馆举行，已经举办过九届。从首届到第九届，展出车辆由243辆增加到556辆，参展客商由372家增加到1500多家，展出面积由2万平方米增加到12万平方米，观众流量由10万人次增加到60万人次，与会记者由50多位增加到6000多位。尤其是2006年11月18日至11月27日举办的第九届北京国际汽车展，展出规模及数量均创历届之最。北京车展除了是世界汽车行业巨头展现实力的场所，也是国内合资厂商和企业创立自主品牌，走向世界市场

的舞台。现在包括大众、通用等国际巨头在内的全球汽车制造公司均把北京车展升级为A级车展。目前，北京国际汽车工业展览会已发展成为国内汽车行业中展出规模最大、参展厂商最多、参观人数最多、媒体覆盖率最高、国际化程度最高的专业展会。

想一想：

1. 五大世界级的车展是哪些？
2. 北京车展的发展如何？

模块一　展览项目立项工作

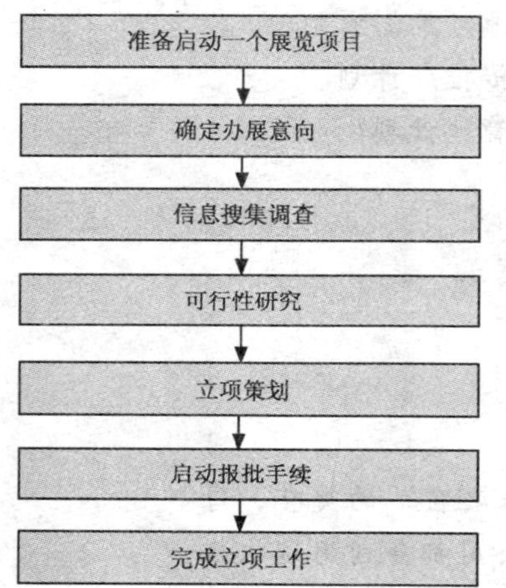

图 4－1　展览立项流程图

无论是行业展会、地方性商贸洽谈会、艺术文化展还是大型博览会，其成功的关键都在于严密的计划和细致的准备工作。也就是说，展览是一个系统性的项目管理工作，需要从立项、执行和最后评估等流程的全面、系统的准备和执行。其中展览项目的立项工作是成功举行展览会的前提工作，只有经过全面、系统的立项准备，会展才能达到预期目的。一般说来，展览项目的立项流程如图 4－1 所示。

一、展览项目的信息搜集和分析

展览项目的选项和立项工作是一项需要举办者搜集外部环境、内部环境信息以及和展览相关的信息，根据信息分析和立项原则进行展览项目的选择和确定的工作。如果搜集的信息不全面、不真实，将会影响展览项目目标的实现。

1. 宏观环境分析。宏观环境分析主要是对国家、地方政府、企事业单位、行业协会、上下游客户、媒体、公众等对拟办展览项目的认识和态度，以及相关的政治、经济、社会、文化和技术等对展览的影响的分析，这些是成功举办展览的大前提。

2. 微观环境分析。微观环境分析主要包括行业分析、市场分析和竞争者分析等。展览项目的选择和项目所涉及的行业密切相关，不了解该行业的发展和态势而举办展览是具有很大风险的，因此组织者在策划展览项目时必须熟悉该展览项目所涉及的行业发展现状、相关产业的市场结构、竞争状况、利润分布状况、市场开放程度、市场的发展潜力和展览举办地的产业政策导向等全面信息。

3. 举办者自身分析。展览项目的举办是一项耗费人力、物力、财力的工作，举办者在选择展览立项时必须考虑自身情况，选择自己能够运营和承受的项目。自身分析主要从财力因素、人员因素、物力因素、管理能力因素等方面进行。

二、展览项目的市场调研

市场调研是获知该展览预期效果的重要手段，通过市场调研和分析，才能进行展览项目的策划工作。

（一）调研的内容

1. 项目调研。主要解决选择什么样的项目作为举办城市会展业发展重点和方向问题。此类调研主要包括：该地区经济结构、产业结构、地理位置、交通状况、展馆设施等。优先考虑该区域的优势产业和政府重点扶持的行业。

2. 主题调研。主要解决展览的名称确定问题。展览会的名称、理念和主题等都应该在举行相关调研的基础上确立。主题调研要广泛研究已有展会的主题性质和分类，征求和了解公众意见。

3. 场馆调研。主要包括：场馆地点、交通情况、住宿条件、车位数量、场馆硬件设施、网络通讯便利度、管理水平、配套服务水平等具体情况。

4. 参观人数调研。参观人数是展览成功与否的重要指标，参观人数预测影响场馆的选择、门票定价、办展时间、资金预算等重大决策。因此，要通过调查研究预测参观人数。

5. 同类展会竞争者调研。同类展会竞争者不断涌现，如国内的北京国际汽车展和上海国际汽车展就是最激烈的竞争对手。在相同行业和主题下，要对竞争对手的规模、参展商、展会时间、效果、满意度等进行详细的调查，以知己知彼，扬长避短。

6. 市民态度调研。展览会时间有长有短，短的2～3天，长的超过一个月，展览将不同程度地对场馆附近和举办城市的市民生活产生影响。因此，主办方要尽早进行市民态度的调查，尽量进行疏导、解释，加大宣传和公关，营造出最佳的外部环境。

（二）调研的方法

会展市场调查的方法主要分为一手资料方法和二手资料方法，一手资料方法主要包括观察法、询问法和试验法。

1. 观察法。是不通过提问或交流而系统地记录人、物体和事件的行为模式的过程。调查员在展览进行时，对参展商和参观者等进行现场观察并进行仔细记录而获得有用的信息。

2. 询问法。是使用最为广泛的市场调查方法，主要包括问卷调查法、小组访谈法、深度访谈法和投射法等。问卷调查法在调研中使用最广，主要包括个别访问法、集体访问法、电话访问法、邮寄访问法和计算机访问法等。焦点访谈法可以让参与者对主题进行充分和详尽的讨论，可以作为满意度调查的方法。深度访谈法主要适用于参会的重要官员、学者、企业管理层和参观者等。

3. 试验法。在展会中设置实验区域，请消费者现场试验产品功效，一方面可以起到宣传促销作用，另一方面便于调查员进行观察记录。

4. 二手资料分析。除了直接调查法外，二手资料的获取和分析也相当重要。二手资料不仅有助于明确展览主题，而且可以提供一些别人的解决办法。二手资

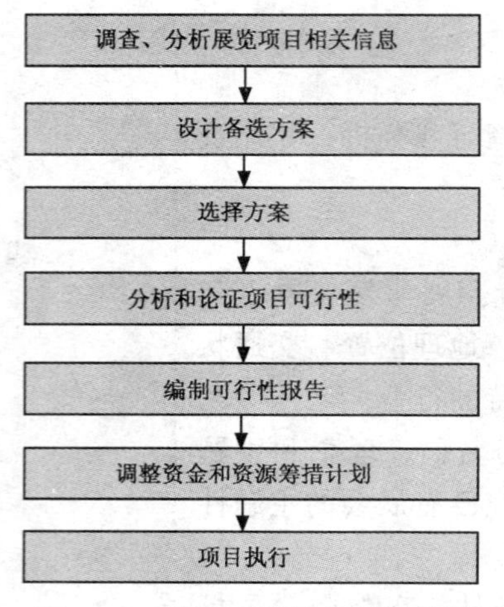

图 4-2 展览可行性分析流程图

料来源主要有主办方、参展商、行业管理部门、行业协会、会展项目管理系统等。

三、展览项目可行性分析

展览可行性分析和研究是指在展览主体投资决策前对开展与展览主题有关的自然、经济、行业、技术等进行调查研究和分析，并比较可能的备选方案，预测、评价展览运行后的社会效益、经济效益等，综合论证实施的必要性、赢利性、实用性和可行性，为投资决策提供科学依据的系统工作。展览项目的可行性研究是举办一次成功展会必不可少的组成部分。展览项目可行性研究流程如图 4-2 所示。

(一) 展览项目可行性分析流程

可行性分析和研究是由一系列有次序的工作组成，各环节彼此相关，不能跳过或省略其中任一环节。一般而言主要包括以下几个步骤：

1. 调查和分析相关信息。真实、全面、及时的信息是可行性分析的基础，有效的信息调查和分析是整个可行性分析的前提工作。信息调研的对象和范围有：展览项目所处的经济环境、政治环境、公众态度、行业规模、行业潜力、行业壁垒、举办地经济水平、产业结构、自然环境、人文环境、会展中心的软硬件、主办者的自身优劣势等。

2. 设计备选方案。根据前期进行的展览项目相关信息调查，结合行业、地方政府和组织者的自身特点，用科学的方法设计可供选择的备选方案。

3. 选择方案。这一阶段首先确立选择方案的原则和标准，然后用定量和定性分析方法，对备选方案进行分析和比较，最后选择一个或几个备选方案进行论证分析。

4. 分析论证项目的可行性。这一阶段要对选出的最佳方案进行详细的经济、财务、风险、技术分析，论证项目的可行性和经济性。

5. 编制可行性报告。这一阶段是可行性分析的核心和关键阶段，可行性报告是展览组织者进行决策和展后评估展览效果的重要依据。

(二) 展览项目的空间发展分析

展览项目的空间发展分析主要是针对举办目的地经济发展水平、展览项目的配套服务设施和会展中心的软硬件进行的分析。

1. 市场推广可行性。主要考察展览场所在地目标市场的大小及其对周围的辐射程度。通常市场规模较大，产业体系比较完善的地区，以会展作为营销手段的企业越多。

从展览对周围的辐射程度看，展览场地所在城市最好是区域经济发展较好，具有较强的集聚效应，其城市的服务业对周边地区的服务程度比较高，产业间的配套联系比较紧密。

2. 观众可达性。主要考察展览场地的交通便捷性以及开馆、闭馆时间与周围交通线路的合理配置。经济水平发展越快、人们生活水平越高、购买力越强的地区，愿意参加展览了解新产品和新技术的人越多。

一般而言，大型展馆的选址已经考虑了交通便利的因素，如接近地铁站和主要交通线路（高速公路）的出入口，有众多的交通线路通过等。在举办大型展会期间，还应在开馆、闭馆期间设置临时增加的专线车，做好出租汽车的车辆调配等工作。这些基础设施是选择展览举办地的决策依据之一。

提示：

比较适宜的展览场地，场地周边区域一般应是区域经济中心和商业贸易中心之一，理想的展览场地还应是将要展出产业比较发达的区域之一。

3. 展馆可行性。会展中心是展览项目的物质载体，会展中心的规模和服务水平决定了展览项目的规模和服务水平。展馆场地包括展出面积和展场设备两方面。选择展会展地，首先考虑展会总面积的大小，需要大的展出面积时要选择大型展馆，以保证有足够的展出场地；小型展示则可选择规模适中的展馆；与会议相配套的展示，甚至可以选在举办会议的宾馆展示区域或在会议场所附近的展示厅，以突出展示本身的功能。

（三）展览项目运行的可行性分析

展览项目运行的分可行性分析主要是针对整个展览项目的具体执行过程进行分析，包括人员分析、财务分析、管理水平分析等。

1. 人员分析。根据展览举办过程的职能将人员分为展览会筹备人员和展览职能人员。筹备人员负责招展、宣传推广、财务和后勤方面的筹备工作；职能人员主要负责展会现场的协调和管理工作，如展位的分配、观众的组织、展品运输、接待协调等。人员分析就是看举办者有无足够的人员配备，这些人员进行了详细的分工没有，是否能保障本次展览的有序进行。

2. 财务分析。展览项目的实现要受到投资资金的制约，财务预算的可行性分析是展览项目可行性分析的关键内容。财务分析主要分析和测算展览的支出后收益，以及资金的筹措等，主要是为保障展览项目的资金来源。

3. 管理水平分析。由于会展业尚属新兴行业，相关管理理论还没有形成完整体系，许多成功的会展项目都是依靠组织者的多年经验，因此展览项目经理和他的团队是否具有丰富的展览管理经验是决定展览目标是否能实现的关键。

模块二　展览项目立项策划

所谓展览项目立项策划，就是根据掌握的各种信息，对即将举办的展览会的有关事宜进行初步规划，设计出展览会的基本框架。展览项目立项策划主要要素有：展会的名称和地点、展会的时间安排、展会的举办机构、展会的规模和目标、展示商品的范围、展览会的招展、招商和宣传推广计划、展览会进度计划和现场管理计划以及其他相关活动计划。

一、展览会的名称及举办地点

1. 展览的名称。一般而言，展览活动的名称揭示了活动的主题、性质、范围、举办地、届次等基本信息。展览会的名称一般包括三方面内容：基本部分、限定部分和附属部分。如2007年上海国际汽车展，基本部分是展览会，限定部分是2007年和上海国际，行业标识是汽车。

相关链接

展览会名称区别

博览会是综合的、内容较广、规模较大、参展商和观众较多的展览会；交易会通常以外贸或者地区之间贸易为主，如广交会，华交会等；展销会则是以零售为主的专业展，由一个或数个行业参与，规模较多为中小型。展览会一词主要是指专业展。

（1）基本部分。基本部分用来表明展览会的性质和特征，常用词有展览会、博览会、展销会、交易会等。

（2）限定部分。限定部分用来说明展会举办的时间、地点和性质，常用词有届、年和季节等。如2007年、2008年、2008春季、第十届等。

（3）附属部分(行业标识)。附属部分是基本部分和限定部分的进一步补充，一般用来说明行业标识及展览会举办的具体时间、地点等。行业标识用来说明展览题材和展品范围,行业标识通常是一个产业名称或一个产业中的某个产品大类。

2. 展览会的地点。展览地点策划主要解决两方面的问题：一是选择展览会的举办城市或举办地；二是选择举办的展馆。

展会选择在什么地方举办与展会的主题、性质和展会的定位密切相关。一般选择目的地总是交通便利和经济较发达地区。国际性展会考虑在对外交通和通关比较方便的地方举行。

确定展馆时要考虑如下因素：

◆ 展馆面积是否适应本次展览的规模需要
◆ 展馆的管理水平和配套服务水平是否满足需要
◆ 举办重型设备展览，还要考虑展场的承受能力
◆ 价格是否合理，综合性价比是否高

相 关 术 语

展场：展场泛指举办展览的场地。有时特指在室外举办展览的场地。

展馆：展馆有两种含义：一是泛指能够举办室内展览的场地，如展览馆，展览中心等。二是指用于展览活动的独立单元的馆舍，有时办一个展览可能需要若干个展馆。

展厅：展厅是指展览馆内的分割区域。一个展馆通常可分割成若干个展厅。每个展厅既可独立办展，也可以是一个大型展览的若干个区域。

展区：展区一是指大型展览活动（如博览会）中所分设的展馆区域，大型展览需要许多的展馆，每个展馆就是一个展区。二是指在一个展馆内的区域，这种区域一般是按照展

品的种类或者展览内容划分的。如第五届上海工业博览会就分成电子信息展区、科技创新展区和交通装备与设施展区等。

二、展览会的时间安排

展览时间的安排主要解决三个问题：一是什么时间是最佳的举办时机，二是展期多长为合适，三是周期多长为好。

1. 展览时间的确定。展览时间的确定主要考虑如下因素：(1) 掌握市场对目标展品需求的季节变化，选择适当的举办时间，如服装展和毕业生洽谈会；(2) 展览会的时间避免和其他同类型展会冲突；(3) 节假日。

2. 展期的确定。展期的确定要考虑如下因素：根据事先预计的观众人数确定展期；根据场馆的接待能力确定展期；根据运营成本确定展期，周期越短，成本越低，国际上专业展会一般为 3 天左右。

3. 展览周期的确定。展览周期的确定要考虑如下因素：根据市场需求的情况确定展览周期；根据市场需求的周期性变化确定展览周期；根据展览会的规模确定展览周期；根据气候因素确定展览周期，一般而言春秋两季气候宜人，所以许多展会都放在 3 ~ 6 月和 9 ~ 11 月举行。

小知识

展期有两方面的含义：一是指展览活动从正式开始到结束的时间跨度，应在展览的广告宣传中说明；二是指系列性、周期性展览活动举行的固定时间。如中国出口商品交易会(简称广交会)于每年 4 月和 10 月分别举行春季交易会和秋季交易会。展览周期是指同一类型和同一系列的两次展览之间的时间跨度，如广交会的展览周期则为一年两届，每届两期。

三、展览会的举办机构

展览会的举办机构是指负责展会的组织、策划、招展和招商等事宜的有关单位。举办机构可以是企业、行业协会、政府部门和新闻媒体等。展览会的办展机构有以下几种：主办单位、承办单位、协办单位和支持单位等。

1. 主办单位。主办单位是拥有展会并对展会承担主要法律责任的举办单位。如上海国际工业博览会，其主办单位由国家发改委、商务部和上海市人民政府等多家单位组成。

2. 承办单位。承办单位是直接负责展览会的策划、组织、运营和管理并对展会财务负责的办展单位。承办单位是办展机构中的核心单位。如第九届大连国际汽车工业展览会承办单位由中国国际贸易促进会大连分会、中国汽车工业协会等单位组成。

3. 支持单位。支持单位是对展会主办或承办单位负责展会的策划、组织、运营与管理，或是展会的招展、招商和宣传推广工作起支持作用的办展单位。

4. 协办单位。协办单位是协助主办或承办单位负责展会的策划、组织、运营与管理，部分地承担展会的招展、招商和宣传推广工作的办展单位。有时，支持单位也称为后援单位。

对于一个展会而言，主办机构和承办单位是核心和重要的举办机构。

四、展览会的规模和目标

从举办者来的角度来看，展览会的目标就是达到各种不同层次的目的，主要包括基本目标、宏观目标和战略目标。

1. 基本目标。基本目标是展览会必须达到的起码的目标，又称为微观目标，具体如下：(1) 为参展商和观众提供良好的信息交流的平台；(2) 为参展商和观众提供安全的环境；(3) 通过出租展位、提供配套服务和收取门票获得一定经济效益。

2. 宏观目标。宏观目标是较为广阔和较为深远的目标，具体如下：(1) 显示本国、本地区或本单位的经济实力、科技成果、环境条件、发展前景，用以招商引资；(2) 通过展示历史文化、先进事迹等弘扬民族精神、倡导社会公德、普及科学知识等。

3. 战略目标。战略目标是主办者从自身的长远发展所制定的市场竞争战略目标。具体如下：(1) 加强与参展商和客商的沟通和联系，建立诚信合作体系，并且不断吸收新成员，扩大展览影响力；(2) 不断提高展览品味和知名度，努力打造知名品牌。

五、展览会的参展者

参展者是向展览的主办者租借展位并提供展品的单位和个人。在商业性质的展览活动中，参展者又称为参展商。参展者的投入是展览存在的前提。

1. 界定参展者的基本条件。展览的主办者必须对参展商的基本条件作出明确界定，这些条件如下：(1) 参展企业是否经过合法登记；(2) 参展企业的行业属性是否符合本次展会的主题；(3) 参展企业的地区属性，一些地区性的展会只允许本地区的组织参加。

2. 注重参展者的声誉。参展者的声誉直接影响到展会的形象。在招展的同时，一定要区分产品质量差、不遵守合同、社会形象差的企业，可以拒绝接纳此类企业参展。

3. 重点抓好龙头参展商。所谓龙头参展商，就是在行业中具有领头羊作用的骨干企业和机构。龙头参展商对其他企业的带动作用十分巨大。

4. 提高参展商的层次。系列性的展览活动要注意逐步提高参展商的层次，注意吸收和招揽国内和国际上知名度高的企业参展，以提高展会的知名度。

5. 激发参展商连续参展的热情。参展商的连续参展是主办者的利益所在，促使参展商连续参展不仅要提高展会的质量和服务水平，还要做出如下努力：加强与参展商的沟通；提请参展商重视客商邀请工作；说服参展商转变观念，加大广告投入；敦促参展商重视展位设计和布置；关心参展商的成交情况；举办参展商培训班；与参展商开展联谊活动；对连续参展的企业给予展位费减免和优惠。

六、展览会的招展、招商和宣传推广计划

（一）展览会的招展策划

招展策划是展会整体策划中最基础的工作，也是展会筹备中最重要的工作之一。

1. 目标参展商数据库。招展策划的第一步是通过广泛搜集目标参展商的信息，建立一个完整的目标参展商数据库，为招展做好基础性工作。目标参展商的有关信息可以通过行业企业目录、商会和行业协会、政府主管部门、专业报刊、同类展会、外国驻华机构、专业网站以及电话黄页等。除了搜集参展商的名称、电话、地址、传真、网址、Email、联系人等基本信息外，还要搜集关于这些参展商的产品、目标市场和企业规模等信息。

2. 招展价格。招展价格就是展会的展位出售价格。一个展会的招展价格有两种：一是标准展位价格，通常是以一个标准展位多少钱表示；二是空地的价格，一般用每平方米多少钱表示。制定招展价格要考虑诸多因素，如竞争情况、价格目标、价格弹性、展区位置、国外和国内参展商等因素。在实际操作中，采取折扣价招展也是常用的促销策略。

3. 招展方案。招展方案是招展的总体规划和全面部署，是展会策划中的核心方案之一。招展方案的内容主要包括：分析产业分布特点、划分展区和展位、确定招展价格、编制发送招展函、招展分工、招展代理、招展宣传推广、展位营销策略、招展预算和招展进度安排等。

（二）展览会的招商策划

展会招商就是邀请观众到展会参观。任何展览活动举办的最终目的是为了满足观众（客商和消费者）欣赏、购买和选择的需要，因此观众既是展览活动的起点，又是展览活动的终点，没有观众的展会是失败的展会。要吸引更多的观众，必须做到如下几点：（1）以新颖的主题吸引观众；（2）以优质服务留住观众；（3）加强与观众的沟通和联系；（4）借助政府和行业资源；（5）实施各项优惠。

（三）展览会的宣传推广计划

1. 展览广告宣传的目的。（1）告知。即向目标参展者和潜在的参照商和观众发表举办展览会的信息。（2）说服。通过展会广告的形象塑造，说服目标对象建立对本展会的信任和兴趣。（3）强化。通过展会广告，使目标对象在参展之后，进一步加深对展会的认识和印象。

2. 展览广告宣传的主要内容。（1）宣传主办、承办、协办、支持、顾问单位的强大阵容，显示实力。（2）回顾历届展会的成功，突出展会不断发展成长的趋势，强化品牌效应。（3）重点介绍本次展会的宗旨、主题、特色、规模、范围、时间、地点、配套活动的内容和形式、参展的条件和办法，给人以深刻清晰的印象。（4）提供各项服务清单和报价，便于参展商选择。

3. 广告宣传的形式。常见的广告宣传形式有电视、电台、报纸、综合性期刊、行业杂志、网络、宣传手册、发布会、媒体报道、会刊、征集会徽和吉祥物等。

4. 展览广告宣传的时机。展览广告宣传的时机分为展前广告宣传、展中广告宣传及展后广告宣传。

七、展览会的进度计划和现场管理计划

(一) 展览进度计划

展览进度计划是表达项目中各项工作的开展顺序、开始及完成时间，以及相互衔接关系的计划。展览项目管理中尤其在前期准备工作中有大量细致的工作，而且每项工作相互交叉，必须对每项工作开始的时间、需要的时间以及完成的时间做出详细的规定。展览项目的举办时间都要严格规定，而且具有不可更改性，所以展览计划都要以举办时间为基点，以倒推的方法制定进度计划，以控制各项工作的进度。

展览项目进度计划编制主要包括：项目描述、项目分解、工作描述、工作责任分配表制定、工作先后关系确定、工作时间估计和进度安排等。

1. 展览项目描述。是用表格的形式列出项目目标、项目范围、项目如何执行、项目完成计划等内容。项目描述表如表 4－1 所示。

表 4－1　项目描述表

项目名称	具体项目名称，例如××展览服务项目
项目目标	指该项目完成后要达到的目标
交付物	指该项目交付成果，可以是具体可见的实物，也可以是提供的一项具体的服务
交付物完成准则	项目服务标准
工作描述	项目作业名称
工作规范	国家或相关行业规范
所需资源估计	完成本项目所需要的设备、资金、人力
重大里程碑	本项目开始时间、阶段成果检查时间、项目完成时间
项目负责人	项目负责人审核意见及签名

2. 展览项目分解。展览项目目标确定以后，要编制出完善的进度计划，就要对项目进行分解，把整个展览项目分成便于执行的具体任务。项目分解所采用的工具就是工作分解结构图。通过工作分解结构（work breakdown structure WBS）法，将一个展览项目分解为由任务、子任务、工作包等构成的等级式结构，如图 4－3所示。

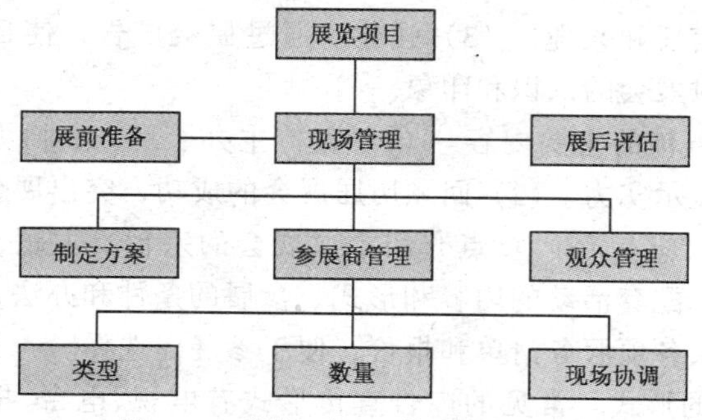

图 4－3　展览项目工作分解结构图

3. 工作描述。在对展览项目进行分解的基础上，为了更明确地描述项目包含的各项工作的具体内容和要求，需要对工作进行描述。工作描述的依据是项目工作分解图，其结果如表 4－2 和表 4－3 所示。

表 4－2　　工作（任务）描述表

任务名称	制订营销计划
任务交付物	营销计划
任务描述	市场调研、确定目标市场、营销组合
考核标准	报名参展商的类型、层次和数量达到预期的目标
假设条件	制定展览目标、签订租用场馆合同
约束	营销预算
其他	风险：可能临时更改展览地点
负责人	营销组负责人

表 4－3　　项目工作列表

工作编码	工作名称	输入	输出	内容	负责单位	协助单位	相关工作

4. 制定工作责任分配表。工作责任分配表就是将分解后的工作落实到有关部门和个人，并且明确表示出有关部门和个人对各项工作的关系和地位。责任分配表有多种表现形式，还可以用矩阵来表示，如表 4－4 所示。

表 4－4　　责 任 分 配 表

WBS 编码		任务名称	策划部	展览部	设计部	营销部	运输部	财务部	办公室
1100	1110	制订目标	▲	■		■		■	●
	1120	租用场地						■	●
	1130	营销计划	■	■		▲	■	●	
1200	1210	数据库		■		▲			●
	1220	印刷资料	■	■	■	▲		■	●
	1230	实施宣传		■		▲			●
…	…								
说　明		▲——负责　■——参与　●——监督							

5. 确定工作先后顺序。根据任务描述表或工作列表可以看出，展览项目中很多工作的执行必须有一定的前提条件，依赖于一定工作的完成。同时在展览项目进行中，还有很多工作同时进行，具有一定的交叉关系，这样使得排序工作相对复杂。确定工作先后顺序是制定进度计划的前提。

6. 工作时间估计。展览项目的工作时间估计是对已经确定出的项目活动的工作时间的估算工作，某项工作时间是指在一定条件下，直接完成该工作所需时间与必要间歇时间之和。工作时间估计是展览进度计划中非常重要的工作，对会展活动而言，时间是非常重要的资源和约束条件。

7. 进度安排。把展览项目分为各个分任务，并确定各项工作先后顺序和每一项任务工作时间之后，就可以安排项目的时间进度。项目进度的主要内容是每项工作的计划开始和终止时间。编制进度安排的方法主要有甘特图（见表 4－5）和里程碑计划。

表 4－5　展览项目甘特图

任务编码	任务名称	1月	2月	3月	4月	5月	6月
1110	制定目标						
1120	制定营销计划						
1150	确定承包商						
1210	数据库管理						
1220	印刷资料						
1230	参展商宣传						
1240	观众宣传						

（二）展览会的现场管理计划

展览会的现场管理和实施一般可以分为三个阶段：布展阶段、开展阶段和撤展阶段。这期间的现场管理以开幕前一天下午到晚上的布展，开幕日当天上午的开幕式和展览最后一天的撤展工作最为关键。可以根据其不同阶段的特点制定现场管理计划。

1. 布展阶段现场管理。布展阶段现场管理主要有如下工作：展台搭建管理；展品运输管理；参展商布展的管理；现场保洁；保安工作管理。

2. 开展阶段现场管理主要有如下工作：开幕式管理；观众登记管理；新闻中心管理；知识产权纠纷处理；现场会议的管理工作；现场数据搜集的管理工作；现场服务的综合管理。

3. 撤展阶段现场管理主要有如下工作：撤展会议的主持工作；撤展进行中的管理工作；结算和整理工作。

八、展览会的相关活动计划

展会的主流活动是展位中的展示、宣传、营销活动，不过展会相关的其他活动也是不可缺少的内容，如礼宾活动、交流活动、娱乐活动等。

1. 专题会议策划。在会展的相关活动中，专业研讨会、技术交流会、行业会议，以及产品发布会等是常见的会议活动。

2. 比赛、表演活动策划。在展览期间，为了活跃现场气氛，更好地吸引企业参展和观众参观，主办者会举办与展会相关的表演、比赛等活动。

综合案例分析

民营展览公司成功组织展览会的做法

在 2006、2007 两年里，民营展览公司在外资品牌不断跑马圈地、开疆拓土，场馆公司加大自身办展力度情况下，呈现出冰火两重天的景像。如何在残酷竞争中求生存，如何组织一个成功的展览会，成功的民营展览公司告诉我们：

一、精选展览项目

展览公司的生存和发展都离不开好的项目。众所周知，“好的项目是成功的一半”。有好项目在手，就等于有了一棵摇钱树，正如营销学所说的“金牛型”项目，是稳赚不赔的。对民营展览公司来说，在各种资源都比较有限的前提下，可以考虑一些投入比较少、起点不太高的行业、冷门行业或是新领域、季风型行业。或者甘当配角，做个承包商的角色，比如广州的广博会，一些不太出名的展览公司可以承包其中的项目，或是把自己的项目加入到其中，凭借政府资源，大大降低了自身的风险和成本。

二、强化内部管理

选定展览项目之后，对内就要加强管理，提升竞争力。首当其冲就是组织培训，逐渐增强员工的战斗力。

员工培训可以采用课堂式与随机式两种方式。课堂式的培训主要由公司内部经验丰富、业绩出众的项目经理承担主要培训任务，适当从外部邀请资深专家来公司传授经验。随机式的培训，主要就是在日常工作中，发现员工出现错误及时加以指导纠正。

员工培训之后，在管理上可以引入目标管理、时间管理、赛马机制等。

三、宣传推广

选定展览项目之后，不但对内要加强管理，对外还要扩大宣传推广。低成本的推广方法，就是和杂志、网站等媒体签订互换协议，也可以起到一定的宣传效果；如果资金充裕，还可以考虑在各地召开推介会进行路演。另外寻找合适的合作伙伴，如政府、协会、科研机构等，也是一种宣传推广的有效方式。此外，也可以根据展览项目，考虑在相关的专业市场、同类展会去宣传推广，往往起到事半功倍之效。

四、参展商服务

针对参展商的服务，由多年前的粗犷式已经转变为现在的细节式。想展商之所想，急展商之所急。如主动询问需不需要货运服务，要不要通关，是否需要翻译。此外，还可以把一些市场动态、展会动态、买家信息主动提供给对方，让参展商感受到组委会无微不至的服务。展商来到现场之后，更是要礼貌热情，鞍前马后，让展商觉得物有所值，开开心心地参加你的展会。展会期间，发放“展商问卷表”，了解展商对展会的意见和建议。展会结束时，也别忘记去握手告别，问问有什么需要帮忙的。展会结束一个月左右，就可以向展商传真或邮寄感谢信，有的需要参观商资料的，也要尽快提供给对方。

五、参观商的组织与服务

参观商的组织与服务，可能比服务参展商更重要一些，因为参展商来参展的目的就是为了和参观商见面，谈生意。如果没有足够的高质量的参观商，参展商就会失望、伤心，进而可能选择你竞争对手的展会。所以，不重视参观商组织的展会，往往寿命不会长久，两三届之后，就进入下滑状态，食之无味，弃之可惜。

组织参观商的同时，也是服务他们的大好时机。如邮寄《参观指南》、请柬、礼品券、明年预告等。

六、控制运作资金

关于资金的管理，最好在运作项目之前，预先做好项目预算及写一份项目计划书，何时、何处、何事需要多少费用，如人力成本、办公室租金、固定资产、主办费、展馆租赁费、广告投入等。在这个计划书的基础上，合理谨慎地使用你的资金。

本单元知识结构图

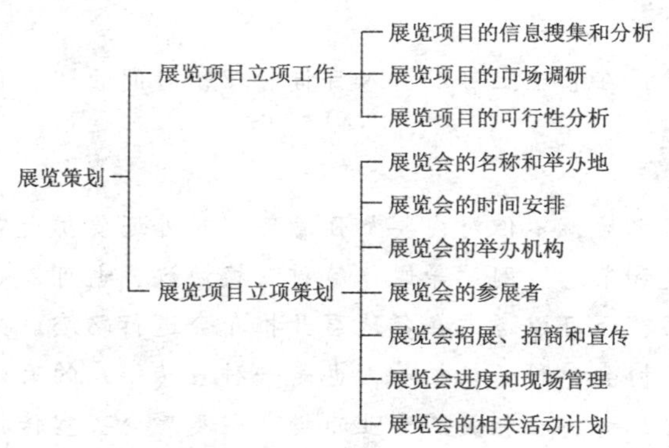

关键词

展览可行性分析和研究　展览项目立项策划　展览会的目标

练习与实训

一、填空题

1. 展览是一个系统性的项目管理工作，需要从________、________和________等流程的全面、系统的准备和执行。

2. 展览项目的________，是成功举行展览会的前提工作，只有经过全面、系统的立项准备，会展才可能取得预期的目的。

3. ________是不通过提问或交流而系统地记录人、物体和事件的行为模式的过程。

4. 展览________主要解决两方面的问题：一是展览会的举办城市或举办地；二是选择举办的展馆。

5. ________拥有展会并对展会承担主要法律责任的举办单位。

二、单项选择题

1.(　　)是获知该展览预期效果的重要手段，通过这种手段和分析，才能进行展览项目的策划工作。

A. 展览立项　　　　B. 市场调研

C. 环境分析　　　　D. 地点调查

2. 展览项目的(　　)分析主要是针对举办目的地经济发展水平、展览项目的配套服务设施和会展中心的软、硬件进行的分析。

A. 时间发展　　　　B. 经济发展

C. 社会发展　　　　D. 空间发展

3. 展览(　　)主要解决两方面的问题：一是展览会的举办城市或举办地；二是选择举办的展馆。

A. 地点策划　　　　B. 时间策划

C. 主题策划　　　　D. 宣传策划

4.(　　)直接负责展览会的策划、组织、运营和管理并对展会财务负责的办展单位。

A. 主办单位　　　　B. 协办单位

C. 承办单位　　　　D. 赞助单位

5.(　　)是展会整体策划中最基础的工作，也是展会筹备中的最重要的工作之一。

A. 招展策划　　　　B. 地点策划

C. 时间策划　　　　D. 主题策划

三、多项选择题

1. 一般说来，展览项目的立项流程包括：(　　)、立项策划、启动报批手续和完成立项工作。

A. 准备启动展览项目　　　　B. 信息搜集调查

C. 确定办展意向　　　　D. 可行性研究

2. 展览项目的选项和立项工作是一项需要举办者搜集(　　)，根据信息的分析和立项的原则进行展览项目的选择和确定工作。

A. 外部环境信息　　　　B. 内部环境信息

C. 媒体信息　　　　D. 展览相关的信息

3. 会展市场调查的方法主要分为：(　　)。

A. 观察法　　B. 试验法

C. 一手资料方法　　D. 二手资料方法

4. 展览会的名称一般包括三方面内容：(　　)。

A. 基本部分　　B. 限定部分

C. 行业标识　　D. 主题部分

5. 展览时间的安排主要解决以下问题：(　　)。

A. 时间　　B. 展出场地的形式

C. 展期　　D. 周期

四、判断题

1. 如果搜集的信息不全面、不真实，将会影响展览项目目标的实现。(　　)

2. 宏观环境分析主要包括行业分析、市场分析和竞争者分析等。(　　)

3. 项目调研主要解决展览的名称确定问题。(　　)

4. 一手资料方法主要包括观察法、询问法和试验法。(　　)

5. 可行性分析和研究是由一系列有次序的工作组成，各环节彼此相关，不能跳过或省略其中任一环节。(　　)

五、简答题

1. 简述展览项目可行性分析流程。

2. 简述展览会周期确定要考虑的因素。

3. 简述展览会的举办机构。

六、实训题

北京国际汽车展品牌战略SWOT分析

(一) 优势分析

北京的会展市场潜力巨大，发展迅速，并且正处于从成长期走向成熟期的阶段，此一阶段对会展实施品牌战略势在必行。北京是中国的首都，是科技、文化最繁荣、最发达的城市之一，这为会展品牌的塑造和传播提供了有利的条件；并且北京是全国最大的科研基地和国内外科学技术信息的重要集散地，这里聚集了全国最多、最优秀的人才精英和科研机构，知识资源极其丰富，这一切构成了北京会展业的竞争优势。

1. 区位优势

北京既是中国的政治、文化中心，也是历史悠久的文化古都。在这里，不仅有不胜枚举的名胜古迹，也有充满时代气息的现代文明。而正是这优雅的古都风貌、浓郁的文化气息和鲜明的时代特色吸引了全世界的目光，使越来越多的人们希望到这里观光、旅游，越来越多的企业家希望到这里开辟市场、寻求发展。北京享誉国际的知名度和独特的城市魅力，为北京车展聚集了必备的人气。

2. 经济优势

车展品牌的塑造与传播离不开当地经济条件的支持。改革开放以来，北京的社会经济得以快速发展。作为努力向国际大都市迈进的城市，北京实现了经济的高速增长。2006 年北京人均 GDP 达到了 49505 元（折合 6210 美元），全市完成地方财政收入 1117.2 亿元。居民消费价格涨势平稳，万元 GDP 水耗继续下降。全市实现社会消费品零售额就达 3275.2 亿元，全年进出口总值达 1581.8 亿元。

总之，2006 年北京城乡居民收入稳步增加，就业形势好于预期，社会保障水平继续提高，科技创新取得较大进展，生态环境有所改善。较高的增长速度，使北京市的综合经济实力不断增强，汽车行业发展前景广阔，市场潜力巨大，也使得投资者信心增强，这为北京车展及车市的发展提供了强大的推动力。

3. 硬件设施优势

北京拥有中国国际展览中心、北京国际科技会展中心、北京展览馆等为代表的国内第一梯队的展馆阵容，以 700 家星级饭店为骨干的中小型会展场地群落，以中宣部、文化部、新闻出版总署、广电总局为龙头旗下的中国广电集团、中国出版集团、演出公司、展览公司等会展经营和宣传资源，为北京车展实施品牌战略提供了必备的硬件条件。

4. 举办会展的业绩优势

悠久的办展历史为北京国际汽车展储备了充足的办展经验，也为其实施提供了良好的软件环境。据关部门统计的 2006 年全国十大城市展会数量排名，北京市以 243 次展会位居第二。

5. 车展本身的优势

第九届北京车展的展览面积达到了 12 万平方米，是国内车展之最；共邀请国内外行业内制造厂商 1500 余家，其中境外厂商 230 家，占总数的 15.3%；共参展车辆 556 辆，其中境外厂商参展车辆 274 辆，占总数的 49.3%；9 天的展期共接待国内外观众 56 万人次，创历史之最，其中专业观众占参观总人数的 45%；国外知名厂商全球首发车辆在本次车展上共有 10 辆亮相，说明北京车展已经能够代表目前国内外汽车工业的最新发展水平，显示了国际汽车工业发展趋势。

（二）劣势分析

目前北京汽车展虽然已经是初步具有国际影响力的品牌车展，但是与国际知名的五大车展相比还有相当的差距，具体表现在以下几个方面：

- 北京车展硬件及配套设施落后
- 车展专业人才缺乏
- 北京车展缺乏明显的特色
- 组织与服务水平有待提高
- 国内参展商对于车展的定位较低
- 没有形成自己的品牌资产

（三）机会分析

中国的汽车市场具有广阔的发展前景，对于汽车展览会可说是机遇与挑战并存，乘势而上就能够赢得发展先机，赢得发展的主动权。而对北京车展来讲，成功申办奥运会、车市消费需求的推动、和谐的社会环境都是难得的机遇，抓住这些机遇对于北京汽车展做强自己的品牌是一个绝好契机。

（四）威胁分析

北京会展业在中国对外国际交往中占有非常重要的地位，它既是国际经贸、科技及文化交流的桥梁，又是宣传展示北京城市形象的窗口。同时，也在流通领域和信息领域担当着重要的角色。然而，北京会展业也面临着很大的竞争压力，最主要的就是北京车展易址、上海车展的竞争，以及国外展览公司竞争带来的影响和冲击。

实训要求：请根据案例中分析方法，结合本章内容，作一次“校园二手商品展销会”可行性分析。

实训内容：校园二手商品展销会可行性分析。

实训准备：

1. 人员准备：每组4~5人，组长一名，记录一名。
2. 资料准备：第二单元实训资料及事先做的问卷调查。
3. 实训地点：实训室或教室。

实训步骤：

1. 每组在组长带领下，模仿本案例，对校园二手商品展做SWOT分析讨论。
2. 记录员认真记录每位同学发言。
3. 每个小组在各自分析的基础上总结校园二手商品展可否开展及原因。
4. 每组组长向全班报告小组讨论的结果，并将讨论笔记交指导教师。
5. 教师点评。

实训总结：

1. 策划展览时为什么要做可行性分析？
2. 实训成果汇总展示：

教师将各组讨论记录贴在白板上，供大家学习交流。

实训评估：

1. 纪律得分：
2. 记录得分：
3. 资料得分：

总分合计：

第五单元 DIWUDANYUAN

展览场地策划

学习目标

- □ 了解现代展览中心的发展趋势
- □ 知道现代展览中心的设计原则
- □ 掌握展览场馆的选址和设计原则
- □ 能对展位的功能进行分区
- □ 能具体进行展览现场的各项策划

案例导读

新上海标志性建筑——上海新国际博览中心

上海新国际博览中心是由上海浦东土地发展（控股）公司与德国汉诺威展览公司、德国杜塞尔多夫展览公司、德国慕尼黑国际展览有限公司共同投资建设的，以其一流的设施为中外展商举办各类展会提供一个理想的场所。

上海新国际博览中心由美国 Murphy/Jahn 设计事务所设计，设计概念为简洁、清晰、高效。全部建成后，将拥有 17 个展厅和一座塔楼，总展览面积为室内 20 万平方米，室外 5 万平方米。

上海新国际博览中心每个展厅规模为 70 米 × 185 米，面积为 11547 平方米。服务区设在大厅两端。在拱廊一端的服务区内及展厅之间设有商店。展厅内完全没有柱子，高度为 11 米，其中 5 号展厅高度为 17 米。展厅设有灵活性分隔、卡车入口、地坪装卸、设备、办公室、小卖部及餐厅和板条箱仓库。

上海新国际博览中心的入口大厅明亮气派，可安排来宾登记、信息查询、洽谈。观众从这里可方便快捷地进出各个展厅。整个展馆高挑宽敞，设施先进，配备齐全，能满足各类展览会的要求。上海新国际博览中心还设有商务、邮电、银行、报关、运输、速递、广告等各种服务项目，向客商提供全面的优质服务。此外，附近有地铁2号线、大桥五线和六线、东川线、申庆线等公交线路可直接到达。

想一想：

1. 上海新国际博览中心设计者是如何提高净展出面积的？
2. 上海新国际博览中心在方便参展商与观众方面有哪些设计和规划？

模块一　展览中心的发展趋势和设计原则

一、现代展览场馆

展览场馆是供人们进行观赏、参观与贸易、交流的场所。大部分会展活动是在专用场所举行的，它能满足展览、陈列、演示、演出、交流、交易等多种实际功能的需要。展览场馆是一种建筑产品，其显著特点是体型庞大。展览场馆一般场地规模都很大，拥有的设备设施种类繁多，投资额巨大，需要的建设、维护费用也很高。

（一）现代展览场馆的特点

目前，我国的展览场馆建设大部分由国家和地方政府建设管理，具体来说，我国目前的展览场馆与发达国家相比，主要有以下几点不足：

1. 展览场馆规模偏小，市场容量有限。经济发达国家的展览场馆大多有很大的规模和国际影响力，如德国的汉诺威展览会拥有世界上最大、最具影响力的展览场地，总占地面积100多万平方米，是世界博览会的发源地，已有800年举办展览的历史。而我国虽然有展览场馆近200个，但大多规模偏小，展馆面积在5万平方米以上的寥寥无几。

2. 展馆建设重复率高，缺乏合理规划。在展览业发达国家和地区，一般一个城市里相同题材的会展十分罕见，但在我国，同一市场中相同规模的场馆重复建设现象较多。因此，展览公司策划展览时项目题材重复率高，如上海信息电子展有6~7个，医药展3~4个，家具、食品展各4~5个，建筑建材展7~8个，房产展近10个。如此办展，造成资源浪费，参展商和专业观众也因此分流。

3. 场馆设施不配套，相关设备不健全。会展是一种复杂且高效率的社会活动，要求有齐全的设施、先进的设备。由于我国的展馆建设普遍存在“重建设、轻管理”的现象，展前接待、展中运作、展后服务设施不配套，设备不齐全的现象很突出。

4. 展馆建设政府性强，市场化水平低。我国目前粗放式、外延式的经济增长模式决定了中国展览业走的是一种政府建设，行政管理的道路。这种发展模式追求的是绝对数量的增加，而不是经济总体效益的提高，导致我国目前展览场馆收益水平和市场化水平的低下。

5. 展览场馆科技含量少，智能化水平低。在科技迅猛发展的今天，运用现代高新技术对展览场馆进行智能化设计，创造舒适、安全、便捷的展览环境，已成为展览场馆建设的内在要求和必然趋势。我国在这方面还很落后。

（二）展览场馆的类型

展览场馆根据不同标准分类，有多种类型。

1. 按照主要用途来划分：（1）博物馆，是指对有关历史、自然、文化、艺术、科学、技术的实物、资料、标本等进行搜集、保管、研究，并陈列其中一部分供人们参观、学习的专用建筑。（2）会议中心，是指举办大型会议的场所。（3）展览馆（中心），是指有固定场馆来展示陈列和举办一些定期、不定期的临时性展览会、博览会的场所。（4）体育馆，是指开展群体性体育活动而设置的体育活动教学、训练和竞赛的公共体育场馆。

2. 按照展览场馆规模大小来划分：（1）大型展览场馆，是指展览场馆规模庞大，一般举办大型的国际性会议和综合性的展览活动。（2）中型展览场馆，是指展览场馆规模比较大，一般举办区域性的国际会议、大中型的行业会议和行业性的展览活动。（3）小型展览场馆，是指展览场馆规模较小，一般举办地区性的会议和地区性、专业性的贸易展览活动。（4）临时展览场馆，是指不是专门用于会展的临时性展览场所，一般不会经常性举办会展活动。

3. 按照会展内容不同来划分：（1）综合型展览场馆，是指可同时和分别举办会议和展览活动的场所。（2）展览型展览场馆，一般只举办各类产品和信息的展览活动，不举办交流会议。（3）博览型展览场馆，是指举办各种画展、花卉展、艺术品展、文物展等博览性活动的场所。（4）会议型展览场馆，是指主要举办国际会议、行业会议等大型会议的场所。

4. 按照展馆性质不同来划分：（1）项目型展览场馆，是指不是专门用于会展，只是偶尔举办会展的场所。（2）单纯型展览场馆，是指专门用于某种产品展览、某个行业展示和某种会议举行的活动场所。（3）综合型展览场馆，是指可以举办各种商贸展览和交流会议的活动场所。

5. 根据功能来划分：（1）大型展览中心和大型会议中心，功能较为单一，主要举办各类的展览和会议。（2）会展中心，又可分为大型展览建筑体和会展城。大型展览建筑体是当今较为流行的一种展览场馆类型，包含了展览、会议、办公、餐饮、休闲等多种功能。会展城指超大规模的会展中心。

二、展览中心的发展趋势和设计原则

据不完全统计，1998—2003 年间，全国新建的展览面积在 1 万平方米以上的现代化展览中心就达30多个，如北京、上海、广州、深圳、大连、厦门、南京、武汉、青岛、沈阳、长春、成都等城市，都相继建造了一批现代化的展览中心。

（一）现代化展览中心的特征

1. 规模宏大。国外目前新建的展览中心占地面积都在100万平方米，如巴黎北郊展览中心的占地面积高达115万平方米。我国新建的展览中心建筑也呈现越来越大的趋势，处于前瞻性的考虑，不少展览中心在建成20万平方米的展馆后，还留有一定的预留地，以便增建展馆。

2. 设施齐全。现代化的展览中心是集展览、会议、文艺表演和体育比赛等功能为一体的综合馆，同时建有餐饮服务和停车设施，如慕尼黑展览中心就拥有一个1万辆车位的停车场。

3. 智能化与经济实用相结合。目前，一般的展览中心都基本具备了智能化的网络系统，同时，展览中心的展馆设计也很注重经济实用性，占地规模大但并不浪费土地，展馆设施齐全但外观并不豪华。

4. 规划设计“以人为本”。现代化的展览中心一般选址在市郊，将交通便利作为选址的首要条件。展览中心的内部布局也是以人为本，如餐饮中心分布于各展馆周围，便于用餐；场址保留有绿地，有利于环境保护。展馆的设计一般是单层、单体，高度为13～16米，便于布展作业，并能适应展台特装设计要求。

5. 具有政府的支持。由于现代化展览中心也有一定的公益性，主要是对举办地的经济发展具有带动作用，因此，一般地方政府对展览中心的建设除了给予优惠政策外，还给予直接的资金和土地支持。

（二）展览中心的规划设计原则

会展中心的规划设计主要分为两部分，即外部设计和内部设计。外部设计主要涉及展览场馆的区位选址以及外部连通性。考虑的要素主要有场馆选址、交通组织、货物运输等。内部设计则涉及场馆的内部空间结构和功能分区等问题。

1. 合理的外部选址。从国内外主要会展国家的场馆建设来看，会展场馆选址有以下几种模式：

（1）位于城市中心。这类会展中心以法兰克福、科隆和斯图加特会展中心为代表。这类场馆多拥有较长的建馆历史，所处位置距城市中心不超过3公里的距离，其周边已处于饱和状态，可供会展中心扩展用地近乎没有了。

（2）位于城市近郊。这类会展中心以杜塞尔多夫、柏林会展中心为代表。它们的历史相对较短，多建于20世纪70年代前后，一般处于城区边缘，距市中心5公里左右，既有便利的公共交通系统，又有相对宽敞的扩展用地。

（3）位于城市远郊。这类会展中心以慕尼黑、莱比锡会展中心为代表。它们均为近年来迁新址而建成，处于城市的远郊，距市中心10公里左右，靠近高速公路或快速道路。这类会展中心多是因原有市中心老馆发展受限而异地重建的，它们的选址往往是改造利用一些衰落的产业用地。

（4）相对独立的会展城。德国汉诺威是最典型的会展城，作为世界上最大的会展中心，拥有近47万平方米的展览面积。它距市中心虽然仅6公里，但却自成一体，相对独立。凭借2000年世界博览会的契机，汉诺威会展中心改造扩建了部分场馆，进一步加强了其会展城市的功能。

2. 外部交通组织便捷。由于会展中心规模庞大，展览活动具有短期性的特点，因此展览期间人流、物流量相对集中。配备高效率、大容量的交通是大型会展中心的硬件条件。因此，会展中心的外部设计应十分注意其外部交通的组织。

通常考虑的外部交通条件包括以下几种类型：

(1) 公路交通条件。公路运输仍是目前主要的运输方式之一。高速公路和高等级公路是到达会展城市或会展中心的重要途径之一，同时也是重要的物流运输线。因此，多数大型会展中心都建在城市的边缘或是郊区，靠近连接城市间的高速公路入口。不少会展中心甚至就坐落在高速公路边，如柏林、莱比锡和慕尼黑会展中心。

(2) 轨道交通及城市公交条件。在拥有发达的轨道运输网络的城市，其客运方式由以下部分组成：城际特快、城际列车和地区间列车。城际列车的时速一般可达200公里，因此乘坐火车是城市之间到达目的地的选择方式之一。上海新国际博览中心就建设在位于城市轨道交通2号线的龙阳路站附近。

(3) 与航空港的联系。乘坐飞机是外国参展商和参观者的主要交通方式。因此，会展中心与机场的高效连接是展会活动的重要保障，也是其是否具备国际性的硬件基础。多数会展中心与机场的距离在15~20公里之间，其间有高速公路、城市快速路、城市铁路等相连接，短时间即可到达。

(4) 与航运码头的联系。虽然河流运输并不是主要的交通方式，但河流航运仍是一些会展中心货流运输的选择途径之一。因此，许多会展城市坐落于河流旁边，有一些会展中心就沿河岸建设，如科隆、杜塞尔多夫会展中心均建在莱茵河边。因此，在有条件的城市，会展中心建设应考虑到与码头之间的交通。

3. 完善且实用的内部场馆功能。会展中心目前已经不再仅仅是为会展活动提供空间的场所，并逐步成为城市中重要的景观建筑和经济活动空间，如国外的会展场馆同时还提供购物、休闲、娱乐等服务。因此，在设计会展场馆时，一方面应尽力完善会展服务型设施，如餐饮、购物、娱乐、商务，另一方面还应努力扩展其他类型的功能空间，力争实现会展场馆的一馆多用。

国外的展览中心设计一般都很注重经济实用性。如慕尼黑展览中心外观并不豪华，但参展商和观众需要的设施一应俱全，非常实用。

4. 场馆环境设计人性化。会展中心内部环境同样具有十分重要的意义，环境的营造体现了会展场馆的精神和理念，是会展场馆理念形象的表征。不少国外会展中心非常重视景观环境的人性化设计，包括庭院、屋顶和垂直绿化，展馆内外有各种标识、标志设计以及尽可能提供休闲场所等。

在环境的特色化设计方面，比如绿化和环境处理，许多国家的经验值得借鉴。例如，慕尼黑和莱比锡在场馆规划中均非常注意景观绿地的设计，在会展中心各展厅之间或主要的轴线上设置绿化休闲场地，供参展、参观者使用，并可开展多种室外展示活动。在场馆外围，特别是主要入口的周边进行大规模的景观设计。这两个场馆中还有大片的人工湖，这对营造良好的环境氛围、改善小气候及消防都很有好处。

5. 会展设施齐备。在会展中心内部结构设计中，对于会展空间的设计关系到会展活动的质量。因此，优秀的会展场馆都会在无柱大厅、展览面积、地面承压、展厅高度、展品运输、信息服务等方面加以特别关注。

6. 会展中心内部合理布局。会展中心内部合理布局可以使管理有序，方便参展商和观众，提高工作效率。例如，人车分流的场内交通系统一定要完善，要避免人流物流交织影响内部交通。应设有独立的卸货区，并预留充分的展品传送周转区域，这能够极大地方便布展。另外，设置足够容量的停车场也是不可忽视的问题。如果展览中心规模较大，展厅之间要有免费的穿梭巴士，方便参观和组展人员快捷地到达各展厅。还可以在展厅间增设回廊，将展厅之间互相衔接，形成宽敞的人流枢纽区域，充分缓解人流压力。

餐饮网点等各种服务机构要分布到各个展馆周围，便于展商、观众就近使用。另外，应保留大片的绿地和专门的休息区，以便为展商观众在工作或参观之余提供休闲场所。这些部分的布局虽然是细节问题，但却很能体现现代化展览中心高水准的服务。

模块二　展览场馆的发展与选择

展览场馆是会展业发展的基础，是各种会展活动开展的最主要的依托。

一、展览场馆的选址与设计原则

（一）展览场馆的选址

展览场馆是会展经济发展的载体，被誉为会展经济发展的火车头，是展览业发展的基础。会展场馆的区位布局对办展效率、办展效果、展会后场馆经济效益的发挥和会展经济的协调发展有着十分重要的意义。正因为如此，研究展览场馆的选址条件，对于促进会展经济的发展具有重要的指导意义。

展览场馆不是孤立存在的，必须和周边的环境、基础设施和配套设施集合在一起，才能发挥会展场馆的作用。因此，会展场馆的选址应该遵循一定的原则，满足一定的要求。

1. **交通便利原则**。选址必须要有方便的交通联系市区，如城市干道、地铁等，有较大面积的集散场地、停车场，有利于大规模展览人流的流动。因为会展活动是一个集人流、物流、资源流为一体的活动，大量的人流和物流能否在一个相对集中的时间和空间内快速地移动，主要取决于展览场馆周边是否有便利的交通运输条件。另外，交通便利还能保证在相对较短的时间里到达周边能满足住宿要求的酒店。所以，交通便利是展览场馆选址的首要条件。

2. **配套服务设施齐全原则。**展览场馆周围必须有足够的配套设备。酒店、餐饮、零售、娱乐及其他服务设施的发展水平与展览场馆的发展息息相关。会展的一大特点是周期短、时间要求严。例如，一个上千个摊位的大型展览，布展时间只有 2～3 天，撤展时间一般只有一天，要将所有的展品运输、布置、拆卸完毕，如果没有良好的配套服务设施，就不能按时完成布展、撤展工作，无法保证会展按时周转。

3. **有增值价值原则。**展览场馆建设能对周边及交通沿线的开发起较大带动作用。一般来说，应该处于城市增长点、容易形成可观人流的地方，这样有利于未来展览场馆的业务经营；周边要能预留部分空地或绿化地作为发展用地，如在展览馆旁边设置水面，这样不仅增加环境的可视性，还可以扩大展览经营项目。

4. **与周边环境相协调原则。**展览场馆一方面是会展活动的载体，另一方面也是城市的标志性建筑。因此，展览场馆应该与周围的环境和设施相协调，经营上互补互利。与周围环境的结合不应生硬，而是可以十分顺畅地和周围环境相互渗透、融合，利于流动，形成城市一道优美的风景线。

5. **注重展览场馆的旅游环境原则。**展览场馆当地或周边地区必须有丰富的旅游资源，主要包括自然景观和人文景观两方面。调查表明，风景名胜集中地区的会展中心往往更容易吸引会议和展览的举办，这样的地区也更有助于会展中心发挥其对地区经济的推动作用。此外，如果周边地区具有丰厚的旅游资源，那么会展中心的建立亦将有助于丰富它们的游客来源。

6. **避免影响城市正常生活原则。**展览场馆应远离居民区和其他行政机构服务区域，避免给居民带来困挠或妨碍其他公共事务。

7. **预留改扩建空间原则。**一个大型会展中心的建设既要充分满足未来发展的需要，又不能过分超越现阶段的需求，故往往不能一蹴而就，而是需要分阶段进行，这就要求所选地理位置除了满足现实需要外，还要具备未来改扩建的空间和余地。

提示：

大中城市的大型展览场馆选址则以城市边缘为宜，这样既不脱离城市的支持，又有较大的自由空间可以拓展，有利于城市的发展，也有利于展馆自身的发展。

展览场馆在城市中的位置会影响展览效果，如果把展览场馆建立在市中心的繁华地带，营造成本必然很高，而且会受到繁忙交通的影响，造成人流、物流的不畅。国外现代化展览中心的地点一般都选在城郊结合部，并将交通条件、环境条件和地形条件作为选址的三大要素进行论证，做到地点选择与市政规划相吻合。

（二）展览场馆的设计原则

我国展览场馆设计存在两个主要问题：一是全国对展览场馆建设缺乏统一规划；二是具体场馆设计与实际经营市场定位脱节。虽然全国各大城市都有展览场馆，但这些场馆大多面积偏小、功能单一、科技含量低、缺乏市场竞争力。

高水平的展览场馆设计应该是建筑学、经济学、协同学、装饰学、美学、心理学、结构学等多门学科理论与方法的结合。在具体设计过程中，还应当遵循一定的原则。具体来说，其主要有：

1. **合理化原则。**展览场馆的设计和建设必须考虑交通的便捷性和人文环境，即注重特定空间范围内的个别环境因素与环境整体保持时间与空间的连续性，形想一想：

上海新展览馆的内部构造是否符合专业化原则？

成和谐的互补关系。

2. **专业化原则**。会展场馆的选址一般在城市边缘区，注重交通的便捷性；展厅大都只有一个层面，以利于参展商布展和观众观展；展厅没有柱子，使展厅可以任意分割，没有视野局限；展厅的高度充分考虑参展商制作高展示物和特装设计的要求；配备货物装卸区、停车场、厕所；展览设施全部实现智能化，并配有优良的观众导看系统；设有专门供参展商和观众休息的绿地等。

3. **科技化原则**。现代化的会展场馆要融入科技化，注重会展场馆中高新技术的运用，如楼宇自动化管理系统、新型材料的运用、VOD 国际会议功能、无线上网操作等。针对一些国际会展场馆的特殊需求，有时还要将数字会议网络（Digital Conference Network，DCN）、红外语言分配会议同声传译系统、组合式大屏幕投影电视墙等先进设备运用于场馆设计中，以为会展活动提供优质高效的服务。

4. **生态化原则**。现代会展场馆从选址、建筑材料的选择到内部装饰布局都要力求突出生态化的特色，使会展业的经济效益、社会效益和生态效益协调统一。

5. **参展者满意的原则**。会展场馆的设计要新颖，有吸引力，要有实用价值。除了参展的展位外，还要留有足够的空间，即提供足够活动的场所，以供参展者在工作、参观之余休息、娱乐。

二、展览馆总体规划与内部布局要求

（一）展览场馆的总体规划

展览会场地内部布局参见表 5－1。

表 5－1　　展览场馆结构平衡表

组成部分	展览场	娱乐、休息	绿化面积	道　路	停车、水面	管理办公
比例（%）	30～40	5	≥20	10～20	20～30	2～3
类型	分散	集中	集中	内外环	视情况	集中

从表 5－1 可以看出，展览场馆的总体规划应该注意以下几个方面问题：

1. 建筑展览场馆必须合理用地。合理用地就是控制所占面积的比例，因地制宜地安排各组成部分，让展览场馆能最大限度地发挥其功用。如建筑覆盖率宜在 40%～50%左右；建筑密度宜控制在 30%～35%以下，并应合理布置绿化。

2. 建筑内展览的区域一般位于底层。这样做的目的是便于展品运输及大量人流集散，一般展览区域的层次不应超过两层。

3. 适当的室外场地。必须留有大片室外场地，以供展出、观众活动、临时存放易燃展品、停车及绿化需要。

4. 在总体上应留有扩建的可能性。

5. 馆内公共活动区观众密度要考虑同时安排两个以上大型展览会时的最大日流量值，一般可按 15 平方米/人控制估算。

（二）内部布局要求

内部布局设计要根据一般展览的内容、性质和室外环境的具体形式来确定，如图 5－1 所示。

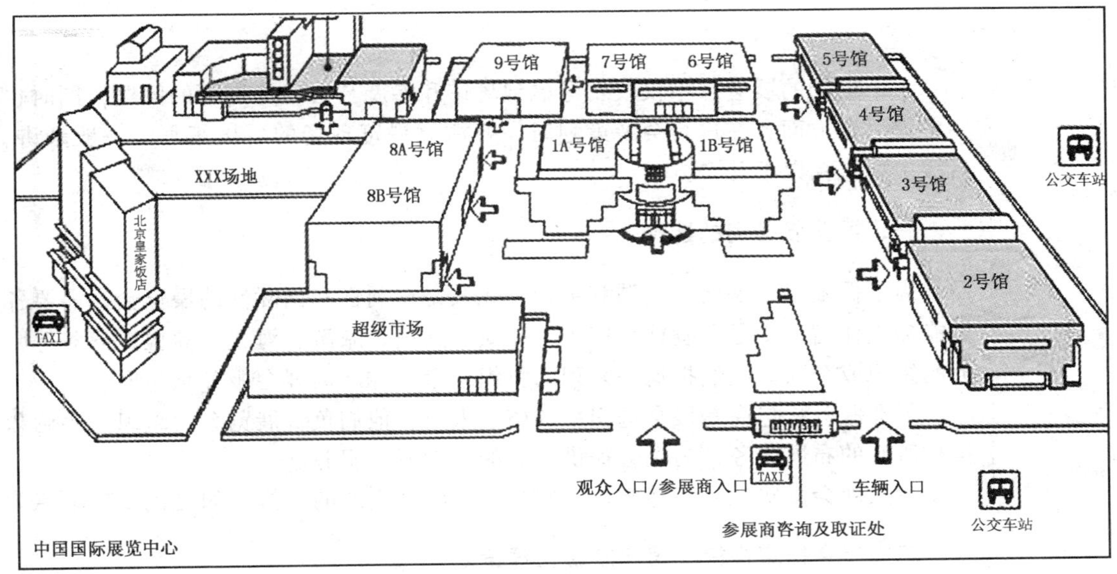

图 5－1

三、选馆考虑的因素

展览场馆可分为室内场馆和室外场馆。室内场馆用于展示常规展品的展览会，比如糖业烟酒展、电子产品展等；室外场馆多用于展示超大超重展品，比如矿山机械展、航空展等。展览会一般要求场地面积较大，使用时间较长。所以，展览会筹备组的工作人员在进行展览会场馆的选择时，必须考虑以下几个方面的因素：

1. 场馆周边环境的考虑：（1）场馆所在地的交通是否便利；（2）场馆周围的酒店、娱乐设施等是否齐全；（3）场馆内部的交通运输是否便利；（4）场馆的面积及场地分配是否合理；（5）是否有相关的租用配套设备，如音响、通讯等；（6）是否有安排研讨会的场地。

2. 其他因素的考虑：（1）场馆内部的安全保卫设施是否到位；（2）场馆的停车场及休息场所的安排是否合理，是否有专人负责；（3）场馆的水电供应情况是否正常；（4）场馆的卫生清理工作是否有专人负责；（5）会议期间场馆所提供的相应服务是否到位。

模块三　展览现场后援策划

一个成功的展会，不仅仅要考虑到场馆和参展与会者等方面的问题，同时也要考虑后勤方面，在进行会展策划时，要注意展览现场的后援策划。一般来讲，后援主要包括以下几个方面：

一、展览服务商的选择

为了保证整个展会活动顺利举行，尤其是全国性和国际性的展览会，需要各类能提供住宿、交通、餐饮、广告、装潢、通信、旅游、海关、商检、商务等服务的组织或个人。我们把这一系列的组织或个人称之为展会服务承包商。

展会服务承包商是展会进程中的核心人员，他们负责展览会的组织、协调和执行所有的布展服务，为展会提供一流的、专业的服务。

参加展会其实就是一种旅行，旅行就牵涉到交通的安排：如飞机、巴士等。

二、展会指定接待宾馆和旅游代理策划

（一）展会指定接待宾馆

安排各地与会者的住宿与餐饮是筹备一场展会中一项既重要又复杂的事情。大部分与会者来自不同的国家或地区，行程不一，要求不一，因此需要小心谨慎的安排，才不至于混乱。餐饮作业也是一样，尤其是安排晚餐，数百人甚至更多的人要同时愉快的进餐，不是一件容易的事情，马虎不得。

（二）旅游代理策划

参展商参加会展，一般都有参观这个城市或者游览当地著名风景名胜的需要。因此，会前和会后的旅游安排也很重要。在进行旅游代理策划时，要慎重的选择信用可靠的专业旅行社，因为专业旅行社报价合理，并能提供专业人员进行优质的服务。

模块四　展览现场策划

一、展位划分策划

展位是会展主办方分配给参展商自行支配的展示空间，它为展品的展出、企业的形象宣传、演示活动、信息的传播和交流以及经贸洽谈等提供了一个环境和场所。观众对参展者的第一印象是展位的外观设计。展位设计与划分要表现出参展者的特征，树立参展者的形象，要有引起目标观众注意的亮点，必须醒目，而

且与众不同，以给人们留下深刻的印象。

在进行展位划分策划前，应先做好以下几个方面的准备工作：

（一）了解会展活动的性质、目的、内容和要求

会展活动根据展出目标和功能分类，可分为宣传教育两大类型和商业贸易两大类型。宣传教育类会展活动的展位策划主要考虑以观赏为主，往往利用较大的空间进行有规则的序列化设计，突出展板与展品的展示效果，一般不考虑贸易洽谈区域。商业贸易类的会展活动则是以展示为手段、以交易为目的，展位设计应强调个性化、实用性。

商业贸易类的展会活动可以分为以下几种类型：

1. 贸易型展会。贸易型会展活动的参展商是制造商、贸易商，参观者也是制造商、贸易商。展会的目的是宣传企业形象，交流信息，洽谈贸易。在展位策划时，主要考虑突出企业形象和产品，可设计比较开放、突出的展台，周围墙面悬挂或粘贴文字版面和图片介绍，让观众可以进入展位，与展品近距离接触。

2. 消费型展会。消费型展会活动的参展者是制造商和零售商，参观者是社会公众，展出内容基本上是消费品。展会的目的是直接销售产品。在进行展位策划时，主要考虑产品零售，可设计比较开放、宽敞的展柜，以便接待大量的观众。

3. 贸易消费综合型展会。贸易消费综合型会展活动的参展者是制造商、贸易商、零售商，参观者是贸易商和社会公众，展出内容为工业品和消费品，目的是宣传企业形象、交流信息、洽谈贸易、直接零售。在进行展位策划时，要注意把展示、零售和洽谈区域分开，在满足零售的情况下，保证一定的洽谈空间。

（二）掌握参展者展出的形式、目的、内容和要求

不同的参展者，其参展目的和要求各不相同，主要有以下几种：

1. 以建立和维护参展者形象为目的。进行展位策划时，应重点突出产品的品牌形象，如商标、企业名称、产品名称等。在展位的主要位置上可考虑设置醒目的品牌形象。

2. 以推广新产品或服务，进行市场调研为目的。进行展位策划时，应尽可能展示实物；考虑观众与展品的近距离接触，并进行实际操作、触摸、品尝等；安排企业营销人员、技术人员与观众交流的空间，以搜集观众对新产品或服务的性能、质量、包装、价格等各方面的反馈信息。

3. 以贸易洽谈为目的。展位策划主要考虑贸易洽谈区域的布置，设计要温馨，位置要相对独立，以保证双方可以在安静的环境中进行贸易洽谈。

（三）熟悉参展者的企业形象及展品情况

参展者参加会展活动是整个营销活动的一部分，也是其树立、推广形象的良好契机。进行展位策划时，要充分了解参展者的视觉形象识别系统，对其商标、专用标准字、标准色、口号等熟记在心，运用自如。

（四）掌握展位的面积、位置等情况

场地是进行展位策划要考虑的基本条件，不同的场地条件会对展位提出不同的要求。进行展位策划时，首先要考虑的是面积、位置；其次要考虑的是形状、区域和人流量等因素。

二、展位功能区域分配策划

(一) 展区和展位的含义

展会要有一定数量和质量的参展商和专业观众参与，才能成为高质量展会。如果参展商数量不多或者质量不好，展会的档次就难以提高，展会的发展前景也难以保证。

展区是组展商根据展品性质或参展商性质安排展览活动的空间。展位是参展商展示其产品或服务的地域空间范围。展览会一般要按照展览类别划分展区，在每个展区内还要划分展位。展区展位是组展商获得会展经济利润的最主要资源。通常，展会的大多数收入都是通过出租展位来实现的。展位是招展推销的“产品”。展位的合理正确划分是招展工作顺利开展的前提，并且可以增强展出效果，吸引更多观众，同时便于管理与服务。

(二) 展位的基本类型

不同的展会，其展位规格、样式、基本配置都会有所不同。一般展会的展位可分为特别装修展位（简称特装展位）和标准展位（简称标摊）两大类。

1. 标准展位。**标准展位是指使用统一材料，按规定的标准模式统一搭建的展位。**目前，国际上通用的标准展位面积为 9 平方米，规格是 3 米 × 3 米。每个标准展位通常由 3 面围板（高 2.5 米、宽 1 米的国际标准白色展板）、1 块楣板（含中英文参展单位名称）组成。

标准展位有道边型（“单开口”）与墙角型（“双开口”）两种类型展台，前者展位租金最低，后者虽展出面积相同，但多出一条观众进入展台的侧面过道，因而观众流量较大，展示效果相对较好，其租金也要比“道边型”展台高出 10% ~ 15%。

标准展位的基本配置大多为两盏射灯或日光灯、一个电源插座（220V，5A）、一张洽谈桌、两张折椅和一个纸篓；另外，根据商品的展示特点不同，每个展区也会设置不同的展具，例如，在有的展览中，每个标准展位还会配置一部电话、一个宽带接口等。

由于展会的展出性质不同，各地的展馆规模或结构不尽相同，因此，展位规格及结构也有所不同。例如，有的展会的标准展位规格为 2.4 米 × 3.6 米或其他规格。再如我国广交会上，标准展位为 9 平方米，但化工及矿产展区标准展位面积为 4 平方米，规格为 2 米 × 2 米。

2. 特装展位。特装展位是指同一参展单位有两个以上位置相连的标准展位，不采用标准展位装搭的模式，而是申请预留空地，委托特装布展施工单位进行大型装修布展或使用其他与标准展位装搭材料不同的制式材料进行的复杂装修布展。

这种展位通常为室内或室外光地，参展商可视自己企业的实际情况确定面积。其大小、形式以及与观众的距离，要根据展览的项目类型、展品的性质和陈列方式、展馆建筑空间的具体情况来确定。比如，展出大型的机器、车辆，就要占用较大的面积，同观众的距离也要适当宽敞一些。有些展会还规定，特装展位租用空间不得少于某一面积，例如不得少于36平方米等。

阅读材料

特装展台的种类

特装展位类型有半岛型和岛型两种类型展台。半岛型展台，观众可从三个侧面进入展台，其展示效果要比道边型和墙角型好一些，企业在选择这种展台时，应该配合做好特装修，才能达到满意的效果。岛型展台，观众可以从任意一个侧面进入展台，因而更能吸引观众的注意力，但它在四种类型的展台中租金最高。它与前三种类型的展台不同，这类展台适合展示，广告效果好，因而设计起来要更为精心，搭建费用相对较高，它是大型企业参加展会之首选。

（三）展位的优劣

在商业性展览活动中，展位之间存在一定的优劣差异。

比较公认的好位置有：展馆主馆中一楼展厅中的入口和出口主道右侧（参观者流量最大的通道）、展馆主馆中一楼展厅中几条通道的汇聚点、转角展台（每行两端的展位）及面对展馆入口的展台位置是最好的。

比较不好的位置有：附属展区、远离入口处、主活动区的背区、边通道、“死胡同”的最里面位置、展馆后部的角落、大柱或楼梯之后等。

争论比较大的位置有：服务场所周边位置（包括餐饮、休息、厕所、问讯、电信等设施区域），这些地方观众流量很大，因此有些人认为在此能接触很多参观者；但另一种意见认为，虽然这些地方来往的人很多，但他们往往都有其他目的，并不一定会认真观看展台。同时，这些地方人群比较拥挤，会对展台人员和贸易客户产生一定的副作用。在对公众开放的消费品展览会上，这可能是一个比较好的位置。但是，在贸易展览会上，这一位置则要视其他条件来判断。可以肯定的是，这一位置不太适合国家或团体性质的展览会。

（四）展位分配方式

展位分配是个非常敏感的问题，所有参展商展位的划定一般应由办展机构控制和最后确定。常用的分配方式有以下几种：

1. 根据申请先后分配，一般以收到参展申请书的先后或以邮戳日期为准。

2. 以会员资格确定分配顺序。如果展会是由展览组织举办的，正式会员往往能享受优惠，并优先分配展位。

3. 根据承租展位的多寡确定分配次序，即承租展位多的，先予分配。

4. 根据参加展会的次数确定分配次序，即参展次数多的，优先分配。

5. 根据费用支付的方式确定分配次序，即申请时支付和一次性支付者优先。

6. 以抽签的方式确定分配的次序。抽签时，先将展位号输入电脑，由电脑随机抽签，或者由主办单位抽签。

7. 在本次展会结束前预先销售下次展会的展位。

以上几种方式可以结合使用。比如，同一天收到多份参展申请书，就可以根据是否属于正式会员或者承租的展位多少来确定分配的次序。

（五）展位编号

展位分隔后要统一编号，编号的方法要一致，以便管理和寻找。展位号的表示方法通常依次由馆号、楼层号、通道号（用英文字母表示）和展位序号组成。一般采取以入口处为基点，从前向后、从左到右顺序编号。展馆较大的，可以先分成若干厅或区，如东区、西区；有若干展层的展馆，要确定层号。例如：7.4H15 即表示 7 号馆 4 楼 H 通道的第 15 号展位。

（六）划分展区和展位的原则

展区和展位的划分是展会招展策划与展位营销的一项重要的基础性准备工作。展览会一般都要按展品类别划分展区，一个专业题材展区可能包括一个或几个展馆，也可能是一个展馆的某一部分。

展区和展位在展会进行招展之前就应划分好。展会招展时，同类展品的参展商被安排在同一展区里。在该展区里，参展商一般可以根据自己的要求，对自己需要的具体展位进行选择。展区和展位的划分关系到展会的招展和展会的整体形象，是一项十分重要的工作。在划分展区和展位时，应遵循以下基本原则：

1. 按专业题材划分展区。在展会招展前，要对展会所有的展览场地进行统一安排，按专业题材划分展区，筹划各种展览题材适合安排在什么样的位置，各展区需要多大的面积。所谓按专业题材划分，就是在满足展品对场地要求的基础上，将同类展品安排在同一个区域里展出。按专业题材划分展区，可以使展会条理清楚、秩序井然。

2. 有利于提高展会的档次。展区和展位的划分直接影响到参展商和观众对展会的印象。如果一个展会里的标准展位和特装展位的分布杂乱无章，各种展品的展位互相混杂，即使这个展会的规模很大，参展商和观众也会认为它档次不高、不专业，对它的印象不会很好。因此，展区和展位的划分要有利于提高展会的档次，使参展商和观众首先从外观上对展会能产生好的印象。

3. 有利于观众的参观。展区和展位的划分要使对某类展品感兴趣的目标观众能很方便地找到展出该类展品的所有展位，与该展品有关联的产品也能在相邻的展区里找到，以提高促进展会贸易成交量，提高展会在观众心目中的地位。

4. 有利于提高参展商的展出效果。展区和展位的划分对参展商的展出效果有直接的影响。例如，如果一个或几个标准展位夹在一些特装展位之中，标准展位将变得非常不显眼；如果将一些次要的题材放在展馆最好的位置，展会的整体效果将大打折扣。因此，展区和展位的划分既要符合展品的特点，也要考虑到展位的搭装效果，还要考虑到方便观众参观和集聚，这样才能扩大参展商的展出影响。

5. 有利于展会现场管理和现场服务。展区和展位的划分要注意对展览场地的充分利用，最好不要有闲置的展览死角；还要注意展馆消防安全，要便于遇到紧急情况时及时疏散人群；要方便展位的搭装和拆卸，方便展品的进馆和出馆。总之，展区和展位的划分要有利于展会现场管理和现场服务。

（七）划分展区和展位应注意的问题

展区和展位的划分不仅影响展会的整体效果，而且还影响办展机构、参展商、观众以及展会服务商在展会期间的活动，如办展机构对展会现场的管理、各参展商对具体展位的挑选、观众参观展会是否便利、展会服务商为参展商服务是否便利等。因此，在划分展区和展位时要注意以下问题：

1. 注意统筹兼顾。这里所说的统筹兼顾，是指在划分展区和展位时，要在办好展会和符合展会需要的前提下，对展会所有的展位作统一安排，最大限度地兼顾到办展机构、参展商、观众以及展会服务商各方面的利益和便利性。

2. 因地制宜地划分展区和展位。展区和展位的划分除了要充分地考虑展会本身、办展机构、参展商、观众以及展会服务商的需要外，还要充分考虑到展馆的场地条件，因地制宜。例如，不管是空地展位还是标准展位，参展商都不希望自己的展位里有柱子，如果展馆里有柱子，我们就要考虑不能将柱子划在某个展位里面。不同参展商对自己展位的具体形状的要求各不相同，有的希望展位是岛形的，有的希望是半岛形的，有的希望是通道形的，有的希望是道边形的，展位划分时要充分考虑到这些需要。

提示：

在划分展位时，如果只是注意满足某些参展商的需要而不注意展会整体，场地就会出现一些“死角”，这对展会整体效果会产生不利的影响。

3. 不能遮挡展馆的服务设施。展馆里的一些服务设施是展会安全的重要保证之一，要保证任何展位都不能遮挡展馆里的一些重要安全设施。例如，不能遮挡消防栓、不能堵塞消防和安全通道、不能遮挡供电箱等。在展馆的入口处要留出一定的区域供参观人流聚散，展场的各种通道要达到一定的宽度，以便参观人流通过。

4. 注意适应参观人流的规律。展会参观人流的形成和流动有其自己的规律，参观人流是展区和展位划分时要充分考虑的重要因素之一。一般来说，展会参观人流的形成和流动有以下特点：一般人们进入展馆后习惯于直接向前走，如果不能直接向前，就习惯于向右转；在展馆的入口处、主通道、服务区和大的展位前的人流比较多，容易形成大量的人群围观某一个展位或展品等。

5. 合理地安排展会的功能服务区域。一个展会除了最主要的展示区域以外，还需要安排一些功能服务区域，如登记处、咨询处、洽谈区、休息区、新闻中心等，这些区域尽管一般面积都不大，但对展会整体而言是十分必要的。在划分展区和展位时，不能只考虑展会展示区域的划分，而忽视了对这些功能服务区域的统筹安排。

（八）展览会布展策划

布展是指在原先空旷的场馆中搭建展位和进行展品陈列等工作。

1. 布展的时间安排。组展者通常会给布展留出足够的时间，一般为 1 ~ 3 天，有时是 3 天以上，并且可以在正常工作时间之外申请加班施工。

2. 对施工单位的审查。为保证展台搭建的质量和进度，组展者会对参展商指定的施工单位提出以下要求：施工单位必须具备合法的经营资格，具备展览工程施工资格，具备专业施工安装技术队伍，有固定从事展览工程业务的人员，同时，应确保有足够的人力、物力能在规定时间内完成各项布、撤展工作。施工单位要熟悉并遵守布撤展、施工管理规定，自觉服从组展者现场工作人员的管理。

参展商指定的展台设计搭建单位，须报相关单位审查通过。

3. 对特装布展方案的审查。特装布展方案审查的流程是：首先，参展商委托设计施工单位设计展位；其次，在指定日期前向组展者指定的承建商申报特装图纸等备案资料；再次，指定的承建商审核，审核通过后，施工单位办理进场施工手续；最后，施工单位进场施工，展台搭建结束，结束布展。

4. 布展施工管理。

(1) 特装布展参展商对所有报送备案的内容不得自行更改；如确需更改的，须在指定日期前向组展者重新报送。特装展位的设计与施工，其垂直正投影不得超出预留空地的范围。特装布展参展商负责自己展台内的地毯装饰，所有地毯和地面装饰可使用双面胶纸固定。施工单位应将“施工许可证”挂放在展位醒目位置，严格按图施工。特装展位的维护由施工单位负责，由该展位所属的参展商负责监管。

(2) 标准展位搭建高度为3米（包括地台高度）以下，在施工和技术条件允许的情况下，特装展位的建筑高度不超过8米（包括地台高度），超出此高度的展位，需申请批准。

(3) 展位搭建必须与消防栓四周至少保持1米距离，以留出取用通道。

(4) 严禁使用双面或单面胶等粘贴材料在展览场馆通道的柱子上粘贴任何物品，不得在墙面、地面打孔、刷漆、刷胶、粘贴、涂色。严禁锯裁展览场馆的展材、展板，不得在展材、展板上油漆、打钉、开洞。

(5) 不得损害展览场馆的任何设施，所有水、电、气源配置必须向展览场馆预订。

(6) 屋顶的悬挂作业只能由展览场馆工作人员或经授权的专业人士完成，未经许可，任何单位和个人不得在展览场馆从事任何形式的物品悬挂作业。展览场馆屋顶的悬挂作业一般仅限于广告条幅和指示性轻质标志，不允许在展馆屋面悬挂重物或作为展位结构的牵引之用。悬挂作业需要预先申请，在申请中列出拟悬挂物品的名称、尺寸大小、材质、重量和内容（广告或标志），并注明需要悬挂的平面位置和高度。

(7) 从布展之日起，所有施工人员应佩带相关证件，服从并配合保安的检查，证件不得转借给他人和带无证人员入馆。

(8) 标准展位的楣板文字（参展单位名称）经组展者核对，由指定承建商统一制作。参展单位未经组展者审核批准，不得擅自更改，如确需更改，可在筹展期内到服务台与指定承建商联系。

5. 消防和用电安全管理。展位搭建商须遵守会展场馆制定的“展览场馆消防安全管理规定”。展会期间，各参展单位凡需接装动力用电，增加展柜、展区（位）照明灯具及使用录像机、电视机、复印机、电冰箱、灯箱、霓虹灯等用电设备，不论功率大小，一律须办理用电申报手续，并由组展商派电工接电。

6. 布展期间运输车辆管理。布展期间运输车辆的管理按组展者公布的路线图和规定时间行驶操作。组展者要与展览场馆有关负责车辆停放的部门确定停车位置。在展览会举办期间，通常由展览场馆提供车辆停放的管理工作。

三、撤展方案策划

通常每个展览会的撤展时间都很短，大部分筹备者只给参展商短短的几个小时，有的也会给一天的时间。但不管怎样，如果没有一个很好的撤展方案，会使撤展工作混乱，容易造成危险，因此工作人员在策划撤展时应注意以下几个方面：

1. 明确时间。让每位参展商都明确知晓撤展的具体时间。同时，还要注明具体什么时候才允许接运展品的车辆进入展览场馆，并告知注意事项，如进入展览场馆的接运车辆必须听从交通管理人员的指挥；司机不得离开车辆；严禁乱停，堵塞交通等。

2. 明确路线。注明人流、物流等在撤展时所经过的路线安排。如撤展时应分别从所在展厅的前后门出馆，大件或笨重物品应从后侧门出馆。

3. 明确责任。让每位参展商明白自己在撤展时必须要完成的事情。如展位内所有自行悬挂、张贴物，应由该单位自行拆除并清理干净；展示样品原则上要全部撤出展馆，如确需留在馆内暂时存放或需办理托运的，应提前到展厅服务台联系租用仓库或办理托运手续；各展商应看管好自己的展品，并在自己的展位内打好包装，各种杂物应尽量堆放在展位内的垃圾桶旁以便清理；展馆设施不得夹带搬走，不得损坏，违者照价赔偿等。

4. 注意安全。撤展时现场会比较混乱。在进行撤展策划时，一定要强调安全意识，并让每位参展商和工作人员都能身体力行。如易燃易爆物须妥善处理或通知组委会巡场人员，并听从组委会工作人员统一安排，以便有条不紊地安全离馆；撤展时，各参展单位应注意作业安全，并保管好各自的物品，以防丢失等。

为了使撤展工作顺利进行，工作人员还可以设计放行条（见表 5－2），让每位参展商人手一张，做到秩序井然。

表 5－2　　放 行 条

展 位 号：________	展 位 号：________
公司简称：________	公司名称：________
放行展品：________	放行展品：________
件　　数：________	件　　数：________
贵司经办人：________	贵司经办人：________
（组委会存根）	组委会经办人：________（贵司存根）

综合案例分析

一次失败的年货展销会

某地要举办一场年货展销会，向全国的许多经销厂家发出了邀请函。同时，收到邀请函的商家也纷纷给了回执，表示愿意前往。经过一段时间的准备后，展销会热热闹闹的开幕了。

但是，在开展过程中出现了很多不和谐的音符。例如，有的参展厂商因为住宿问题一直解决不了，花了大部分的时间在酒店和展馆来往的路上；有的厂商想要筹办者提供旅游服务，但筹办方以要旅游的人数过少而拒绝；加上主办者宣传不到位，来参展的观众不是很多，造成厂商的货品大量积压，如果运回去的话经济损失更大，只能在展览馆附近租门面就地低价处理……

这是一次因策划不到位而失败的展览会。在筹备展览会之前，工作人员没有做好各方面的策划工作，突出表现在交通运输、接待酒店、广告宣传、人流预测、撤展方案策划等方面。

本单元知识结构图

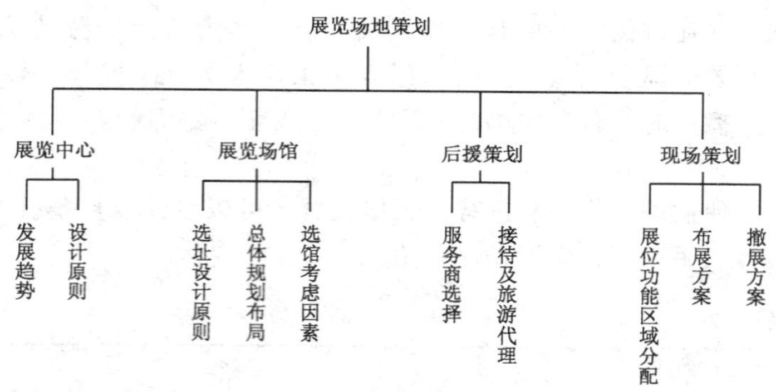

关键词

展览场馆　展览中心　展会服务承包商　住宿报告　展位　展位功能区域

练习与实训

一、单项选择题

1. 展览场馆所在的位置应该是(　　)的地方。

A. 风景优美　　　　B. 城郊结合

C．交通便利　　D．四周空旷

2．我国展览业属于(　　)。

A．市场经济　　B．个体企业

C．中外合资　　D．事业单位

3．展馆的建筑覆盖率宜在(　　)。

A．40%～50%　　B．35%～40%

C．40%～45%　　D．50%～60%

4．展位的核心部分是(　　)。

A．观赏区域　　B．休息区域

C．登记区域　　D．展示区域

5．世界博览会的发源地是(　　)。

A．德国的汉诺威展览会　　B．上海新国际博览中心

C．德国杜塞尔多夫展览公司　　D．德国慕尼黑国际展览有限公司

二、多项选择题

1．商业贸易类会展的展位设计应该更富有(　　)。

A．人情味　　B．序列化

C．个性化　　D．实用性

2．展位的功能区域划分可分为(　　)。

A．展示区　　B．休息区

C．表演演示区　　D．登记咨询区

3．展台的基本设计原则有(　　)。

A．费用合理　　B．主题突出

C．视觉美观　　D．易于实施

4．策划撤展方案时应注意(　　)。

A．明确时间　　B．明确路线

C．明确管理者　　D．明确操作人员

5．展览场馆选馆的因素有(　　)。

A．周边环境　　B．保卫设施

C．卫生管理　　D．有无回扣

三、判断题

1．我国的展览中心已经可以和世界先进国家相抗衡。(　　)

2．展览馆内部规划设计最重要的是人车分流。(　　)

3．展馆群体构架应体现狭长、分散型，而非集中、聚集型。(　　)

四、思考题

1．我国展览场馆设计的原则有哪些？

2．如何对展览场馆的建设进行选址？

3. 如何进行旅游代理策划？

五、实训题

实训项目名称：校园青春风采展示场地策划。

实训目的：

1. 能够描述场地策划流程。
2. 能够知道校园大型活动场地规划原则。

实训内容：学生模拟策划校园青春风采展示场地。

实训准备：

1. 人员准备：每组4～5人，选小组长1人。
2. 资料准备：皮尺、尺、铅笔、白纸、图板。
3. 实训地点：学校操场或室内运动场。

实训步骤：

1. 学生在教师指导下，根据题目，进行项目活动策划。
2. 根据活动项目，确定场地。
3. 实地测量，规划场地，并将规划在图纸上画出来。
4. 绘制展台布置图、现场设施及路径标识图。

实训总结：

1. 活动场地策划时应考虑哪些因素？
2. 实训成果汇总展示：

(1) 各组将场地布置图向同学展示。

(2) 每组派一名同学讲解方案。

实训评估：

1. 纪律得分：
2. 记录得分：
3. 资料得分：

总分合计：

第六单元 DILIUDANYUAN

会展旅游项目的策划

学习目标

- □ 能够描述旅游的基本类型、特点和作用
- □ 清楚会展旅游与普通旅游的差异
- □ 懂得旅游活动的操作流程

案例导读

休闲会议的典范——达沃斯论坛

世界经济论坛（World Economic Forum，WEF）是一个非官方的国际组织，总部设在瑞士日内瓦。其前身是于1971年创建的欧洲管理论坛。1987年，欧洲管理论坛更名为世界经济论坛。论坛因每年年会都在瑞士的达沃斯召开，故也被称为达沃斯论坛。

达沃斯——欧洲最高的阿尔卑斯山度假胜地，掩映在未受破坏的自然美景中，其周边层峦叠嶂，嵯峨壮观；城镇虽小，但各种便利设施一应俱全。无论冬夏，几乎任何运动项目都能在此进行。冬天的运动有滑雪和冰上运动；夏天则有远足、跑步、高山自行车运动、高尔夫及水上运动。网球、壁球、骑马、滑翔机及滑翔伞运动全年都可以进行。

这里的重要赛事有瑞士高山马拉松、北欧越野滑雪世界锦标赛、施彭格勒杯冰球联赛以及UBS滑雪板运动世界锦标赛，这些只是众多体育运动中精彩的一部分。达沃斯尽管地处有些偏远，但过去35年来，它还是成功地奠定了国际会议会址的地位，成为世界休闲会议的典范。其优势就在于它不同寻常的会议场所，既可让人获得知识，又可得以休闲，远离城市生活的喧扰。

在风光秀丽、环境舒适宜人的环境里，与会者能够进行近距离且深层次的沟通与交流，这是休闲会议的魅力所在。对于与会者来说，一个成功的休闲会议既是一次高品味聚会，也是一种美妙闲适的享受。

想一想： 达沃斯怎样吸引了全世界经济学家的“眼球”？

模块一 旅 游 概 述

一、旅游的概念、要素和特点

（一）旅游的概念

现代旅游是一种生活方式，是人们为了探索惯常环境以外的文化、自然等方面的内容，以寻求身心愉悦感受而进行的非定居性旅行和游览活动中所发生的一切关系和现象的总和。旅游者都有“求新、求知、求乐”的心理，这是旅游者心理的共性。

旅游活动中，主要是围绕“游”而进行的吃、住、行、赏、购、娱综合社会活动。通过旅游，人们可以浏览他乡自然山水，欣赏异地文物古迹，领略不同的风俗人情，从而增长知识，丰富阅历，扩大视野，达到积极休息和愉悦身心的效果。

（二）旅游活动的基本要素

现代旅游活动由旅游主体、旅游客体和旅游媒介这三者通过市场互相作用而构成。旅游主体——旅游者，是旅游现象发生的主要因素，处于旅游活动的中心地位；旅游客体——旅游目标，即旅游景点或旅游产品，也就是旅游项目，它对旅游者产生吸引力，才有了具体的旅游行为产生；旅游媒介，就是负责策划旅游目标的中介机构或团体，它是主体和客体的纽带。

（三）旅游的类型和特点

1.旅游的类型主要有：（1）按旅游地理范围划分，有国内旅游、国际旅游。(2) 按旅游组织形式划分，有团队旅游和散客组团旅游。(3) 按旅游的目的划分，有观光旅游、度假旅游、公务旅游和专项旅游。

2. 旅游的特点。旅游归纳起来具有丰富性、综合性、享受性及时间性等四大特点。

二、会展旅游

试一试： 请用你的语言描述旅游的四大特点。

会展旅游是指伴随着各种类型的大型国际展览会、博览会、交易会、运动会、招商会等出现的一种新兴的高收入、高盈利的旅游类别。从旅游产品的角度讲，会展旅游属于旅游产品中的公务旅游；从其特征来看，会展旅游兼具旅游业和会议展览业的共性，具有引发性、边缘性、综合性、依赖性等特点。由此可见，会展旅游是会展业与旅游业相结合的产物。

（一）会展旅游的模式

根据会展活动的特点及其与旅游业之间的内在联系，可将会展旅游的发展模式归纳为三种，即会展业与旅游业之间的联运模式、会展旅游的空间布局模式及具体的运作模式。会展旅游可分为商务型、体育型、节日型和会议型等几种类型。

（二）会议旅游

所谓会议旅游，是指会议组织者（或接待者）利用召开会议的机会，组织与会者参加旅游的一种活动形式。它所涉及的旅游往往带有与会议、工作相关的目的。

（三）展览旅游

所谓展览旅游，是指主要因展览会而引发的商务旅游的活动。展览旅游是会展旅游的一个重要组成部分，随着全球一体化程度的不断深化，展览活动已经突破了国与国的界限，国际性博览会与国际交易会发展迅速，展览与旅游业相结合，促进了展览旅游的进一步专业化。

（四）会议旅游与展览旅游的区别

会议旅游与展览旅游具有一定的差异，其主要表现在以下几个方面：

1. 设施条件不同。会议的先决条件是设施，是否决定在某个城市举行会议，要看这个城市有没有好的会议展览中心、住房够不够、租金多少、通讯设备怎样等。而展会的先决条件是市场，有展览的市场，才会有展览会。

2. 场地要求不同。会议的场地要求分散且时间较短；展览会则要求场地面积较大，使用时间也比较长。

3. 服务范围不同。会议场所需要提供包括音响、通讯、信息系统、场地布置等在内的全面服务；展会的服务如展台搭建、运输等，一般由展览承办商负责，展馆只提供基础设施。在餐饮服务方面，展会一般要求简单，有基本餐饮即可；会议则要求全套的早餐、午餐、晚宴，会议期间还要有茶点等。

4. 参与人数不同。会议参加人数有限，上千人就算是很大规模的会议了；展览则不同，参与人数较多，上万人也不足为奇。

小知识：

会展旅游是高收入、高盈利的行业，其利润率大约在 20% ~ 25% 以上，被业内人士称为旅游皇冠上的宝石。

模块二　会展旅游操作策划

组织一次旅游，从宣传开始到旅游行为的实现，涉及环节多，相关因素复杂，任何一个环节考虑不周，都会影响旅游效果，这就需要旅游经营者周密细致地进行策划设计，不忽略任何因素，不漏掉任何环节。因为在实际中，会展旅游的实施一般是委托专业旅行社完成，在此仅有针对性地对会展旅游策划进行阐述。旅游策划能立刻带动经济效益的增长，当游客审美需求发生变化时，旅游策划又能灵活的调整，这正是旅游策划的优势所在。

一、旅游策划时要注意的问题

进行旅游策划时，要考虑的因素很多。其中，市场定位、主题定位、形象定位、确立核心吸引力等是比较重要的因素。

1. 市场定位。**所谓市场定位，就是企业根据目标市场上同类产品的竞争状**

况，针对顾客对该类产品某些特征或属性的重视程度，为本企业产品塑造强有力的、与众不同的鲜明个性，并将其形象生动地传递给顾客，求得顾客认同。这是针对潜在顾客的心理进行营销设计，创立产品、品牌或企业在目标顾客心目中的某种形象或某种个性特征，保留深刻的印象和独特的位置，从而取得竞争优势。

在设计旅游产品时，首先应该根据潜在旅游者的心理需求，来宣传和突出产品优势，这样才能使潜在的客户变成现实的客户。客户的心理需求又是随着时代的发展而不断发展变化的，因此，不断分析和了解客户的心理也是十分重要的。

2. 主题新颖。要想在旅游市场上争得一席之地，仅靠单一的以游为主的产品设计是不够的，旅游经营机构要同时生产许多产品以丰富自己的产品体系，以便满足不同阶层人士的不同需求。优化产品组合，设计特色产品是现代旅游营销者非常重视的问题。

3. 准确定位形象。产品主题要有针对性，要符合市场需求，这样才有吸引力。同时，旅游经营机构的自身形象也很重要。一个好的企业品牌要给公众传递一种亲和力，一种美誉感，一种信任度，一种良好的社会形象。

4. 确立核心吸引力。潜在客户的开发光靠特色旅游产品来争取还远远不够，这个时候能占有市场的唯一利器就是服务，通过服务来打开与客户沟通的大门，使自己拥有一批忠诚的客户群，拥有更高的市场占有率。例如，要去关注每一个游客，记住他们的职业、生日、旅游喜好，为他们制作专门的客户数据库。每次旅游结束后，就可以建立一个完整的客户数据库，可以给过生日的老顾客发一份电子贺卡、给参加上个旅行团的每一位游客发一份 E - mail，对他们表示感谢，并希望他们在旅行社的网站上注册成为会员，因为会员可以享受更好的服务和更优惠的价格。在旅行社网站的 BBS 中收集并处理游客的建议、意见，针对现有的线路和服务作出改进等等。这些措施是真正具有核心吸引力的地方。

二、会展旅游活动策划

（一）会展旅游者的需求

会展旅游者因为工作关系来到会展旅游目的地，他们对会展旅游的要求也会围绕工作进行，是工作决定了他们的需求。不过，在服务方面，他们的要求相对较高。比如，其大多数人是通过旅行商预订旅行；忠诚性较好（只要旅行社提供的服务质量稳定，一般客户变动的几率不大）；活动受到财务预算的限制；行程随会展活动变化而更改。会展旅游者对机场设施、饭店的地理位置和内部设施有一定的要求。因此，会展旅游经营者除了需要了解他们的展会需求外，也需要了解他们的旅行和生活中的需要及偏爱，并要求会展业和旅游业合理分工，密切配合，才能取得圆满成功。

（二）会展旅游策划的具体内容

会展旅游与接待工作需要较高的专业知识和技巧，改进和稳定服务质量可以赢得相对稳定的客源。因此，需要研究他们的需求，制定合理的经营方针和营销策略，开发出适合会展旅游者需求的产品和服务。

在开展会展旅游活动时，会议或展览公司应扮演“旅游吸引物创造者”的角色，这种吸引物可以是其所拥有的场馆，也可以是其举办的大型会议或展览会；饭店应该主动与会展公司合作，以合理的价格和高品质的服务迎接参展商、与会者入住，并积极争取展览会期间的各类高峰论坛在本饭店举行；旅行社则应转变传统的经营模式，把重点放在专业观众的组织以及会展活动与其他游览活动的衔接上。

（三）会展旅游活动策划原则

会展旅游项目具有专题性，应围绕会议或展会的主题而展开，各种会展旅游项目也都是为展会的主题服务的。在策划会展旅游活动时，应注意以下原则：

1. 会展为主，旅游为辅。参展商前往目的地的根本目的在于“会展”而非“旅游”，因此，对会展旅游项目进行策划和设计时必须秉承“会展为主”的原则。

2. 会展旅游项目须突出会展的主题。每一届大型的会展活动都会有一个特定的主题，会展旅游项目的策划和设计必须以会展的主题为核心展开。

3. 服务项目选择须有较大的余地。由于会展旅游者的旅行活动并非基于闲暇时间，而是基于工作时间。因此，会展旅游者在时间的安排上没有太大的弹性空间，这就要求旅行社等企业所提供的服务必须具有更多的选择性，这样会展旅游者就可以根据自身的具体情况进行选择。

4. 进一步细化和区分目标市场。会展旅游者作为一个细分市场，可以再进一步进行细分。会展旅游策划首先应明确区分为两个主要的群体，即以参加会展为根本目的的专业参展商和采购商，以及出于兴趣、爱好等原因而前往目的地的普通旅游者。

5. 注重产品文化内涵的发掘。会展旅游既然是植根于会议、展会等事件的旅游项目，其参与者又是消费能力和文化素质“双高”的群体，因此，必须充分发掘“事件”本身深层次的文化内涵，并最终将文化物化于会展旅游的各项活动中。例如，青岛国际啤酒节的文化核心是“啤酒文化”，其各项活动的设计就与啤酒文化或者啤酒产业的发展密切相关。

（四）会展旅游活动策划

一个优秀的会展旅游活动策划不仅可以带动更多的相关消费，更重要的是可以增强会展活动的效果。

1. 项目及路线策划。一般而言，策划会展旅游项目及路线要考虑以下几个方面：

（1）围绕会展主题。参观、考察、游览的项目要尽可能围绕会展活动的目标和主题。

（2）照顾对象的兴趣。参加旅游的对象可能会有不同的兴趣、特长和要求，在策划具体会展旅游项目和线路时应当充分考虑到。

（3）接待水平。要考虑参观、考察、旅游的当地是否具有足够的接待能力。

2. 安排落实。会展旅游项目确定之后，应及时与接待单位取得联系，以保证会展旅游项目的顺利实施，如车辆、食宿、物品等。

3. 陪同。组织会展旅游项目一般应当派有相当身份的领导人陪同。如游览名胜古迹，一定要配备导游。

4. 介绍情况。每参观游览一处，应由解说员或导游人员作具体解说和介绍。

5. 摄影。为扩大宣传或为以后的会展活动留下珍贵的历史资料，会展旅游活动的主办方应注意影像资料的收集。

6. 安全。参观游览，应注意安全第一。

综合案例分析

夏威夷让人遐想浪漫的会议暨奖励旅游胜地

夏威夷是国际上重要的会展及商业中心，它拥有绝佳的饭店和度假设施，凉爽宜人的气候，丰富多彩的地质景观，优美的风景和独特的多元文化，令人倍感亲切友善，另外夏威夷有许多的美食可以品尝，有许多的活动可以从事，更何况夏威夷还是全美最安全的州，所以，它被誉为全球“最佳会议暨奖励旅游”的地点之一。

夏威夷的自然景观是吸引全球会议游客的重要因素之一，但夏威夷近十多年来的开发，是世界会议暨奖励旅游选择的重要理由：

1. 大容量的会议中心，酒店往来交通便捷。自夏威夷会议中心 1998 年正式启用以来，一直被专业的会议企划人士称为世界上最佳的开会场所。超过百万平方英尺的广大面积可以容纳多家公司开会、办展之用。从会议中心到最热闹的威基基区的任何一家饭店都十分方便，无须担心在住宿和开会地劳累往返，仅威基基区的饭店房间数就超过 3 万间。即使各种大型会议在此举行，也不用担心房间数不足的问题。

2. 独特的地理位置节省飞行时间。夏威夷位于太平洋的中间位置，不管往返美国还是亚洲都十分方便，商务人士无须长途飞行，就可以轻松完成纽约、东京、新加坡等地的交易，它也是美国唯一拥有如此优势的城市。

3. 众多的机杨方便直航。夏威夷的檀香山机场是美国最繁忙的商业机场之一。如今，除了檀香山机场，夏威夷各岛的机场都已完成扩建工程，从美国西岸可直飞各岛，无须再经檀香山转机。

4. 顶级的饭店，专业的服务。世界上最高级的连锁饭店都可以在夏威夷找到，这些饭店的历史大多不超过 10 年，都是设计新颖的顶级饭店。除了硬件设施先进外，软件也具有顶级水准，所有人员均受过专业训练，绝对符合各项会议和奖励旅游的专业要求。

5. 休闲活动丰富，户内户外皆宜。夏威夷得天独厚的地理条件，可以进行各种户外活动，如水上运动、钓鱼、爬山、骑单车、攀岩等，让商务人士在开会之余，尽情享受人生。

6. 商店集中，名牌林立。檀香山几乎是世界上最重要的购物中心之一，最近更是新增多处的购物场所，如美国著名的百货公司和最受年轻人青睐的耐克城和名牌服饰分店。当然还有许多的免税商店，到这些地方不需要开车，走路就可到达。

7. 活动多元化，家庭可共乐。现在越来越多的公司管理趋于人性化，在安排奖励旅游时，也会考虑到员工的家庭。目前在夏威夷有许多的旅游活动和景点也已经考虑到亲子游的需求，大部分饭店有专为小孩设计的夏令营，让孩子早早接受异域文化的熏陶。

本单元知识结构图

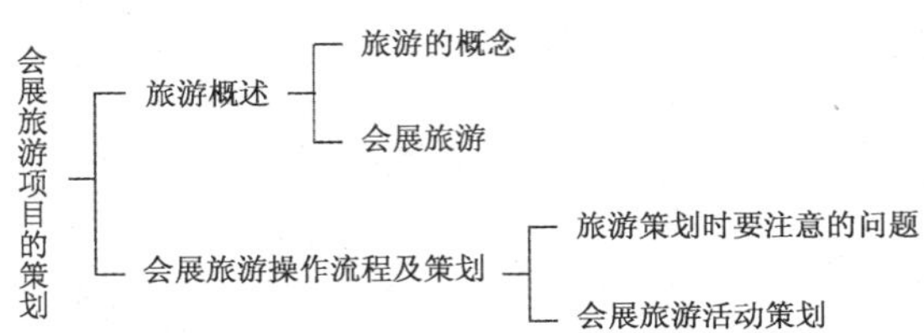

关键词

旅游　会展旅游

练习与实训

一、填空题

1. 现代旅游活动由________、________和________通过市场互相作用而构成。

2. 按旅游组织形式分类，可划分为________和________。

3. 每拟定一个旅游项目，首先要做的就是对整个活动的________，有计划有步骤地确立活动目标，拟定行动计划。

4. ________就是指主要因展览会而引发的商务旅游活动。

5. 从旅游产品的角度讲，会展旅游属于旅游产品中的________。

二、单项选择题

1. 按旅游组织形式划分可分为(　　)和散客组团旅游。

A. 集体旅游　　B. 团队旅游

C. 家庭旅游　　D. 自助游

2. (　　)是由交通、食宿、旅游景点、购物、娱乐设施以及各有关服务组成，它们常常处于独立分散、各自为政的状态。

A. 旅游项目　　B. 旅行社

C. 旅游产品　　D. 旅游者

3. 旅游者在旅游中的种种活动、联系、衔接、应变等等都必须由(　　)来进行协调、组织、安排和解决。

A．旅游经营机构　　B．旅游商店

C．旅游中介　　D．旅游酒店

4．(　　)能立刻带动经济效益的增长，当游客审美需求发生变化时，又能灵活的调整，这正是它的优势所在。

A．旅游商品　　B．旅行社

C．旅游项目　　D．旅游策划

5．(　　)是会展旅游的一个重要组成部分，随着全球一体化程度的不断深化，展览活动已经突破了国与国的界限。

A．展览旅游　　B．观光旅游

C．度假旅游　　D．公务旅游

三、多项选择题

1．世界旅游组织把旅游划分为(　　)、宗教和其他等形式。

A．休闲娱乐度假　　B．探亲访友

C．商务及专业访问　　D．健康医疗

2．按旅游地理范围划分，有(　　)。

A．地方性旅游　　B．国际旅游

C．区域性旅游　　D．国内旅游

3．进行旅游策划时应该考虑的因素很多。其中，(　　)等是比较重要的因素。

A．市场定位　　B．主题定位

C．形象定位　　D．确立核心吸引力

四、判断题

1．现代旅游是一种生活方式，是人们为了探索惯常环境以外的文化、自然等方面的内容，以寻求身心愉悦感受而进行的非定居性旅行和游览活动中所发生的一切关系和现象的总和。(　　)

2．旅游项目策划，就是负责策划旅游目标的中介机构或团体，它是主体和客体的纽带。(　　)

3．会展旅游是会展业与旅游业相结合的产物。(　　)

五、简答题

1．会展旅游者的具体需求是由什么决定的？

2．在策划会展旅游活动时，应注意什么原则？

3．会议旅游与展览旅游有什么差异？

4．会展旅游活动有些什么特点？

5．根据会展活动的特点及其与旅游业之间的内在联系，会展旅游有着什么样的发展模式？

六、实训题

实训项目名称：学校首届旅游文化节活动策划。

活动背景：春暖花开，正是一年一度出游的好时机。集体春游、自费旅游已成了学生们多彩生活的一部分。

活动目的：繁荣校园文化，推进素质教育，丰富校园生活，展现学子“自强、弘毅、求是、拓新”的精神面貌。丰富学生的课外生活，陶冶学生的情操，让自然景观和人文景观带着文化的气息走进校园，引导我们去寻找深植于旅游中的文化底蕴。

实训目的：

1. 了解会展旅游的操作流程。
2. 知道会展旅游和策划的内容。
3. 撰写一份简单的策划书。

实训内容：学生模拟会展旅游经营机构进行会展旅游策划。

实训准备：

1. 人员准备：学生5人一组，分成2~3组，分别代表不同的机构进行策划前期准备，由学生自主确立各自身份，代表不同的角色。
2. 资料准备：宣传资料、策划书等。
3. 地点准备：学校实训室或教室，有条件的学校也可以选择旅游景点。

实训步骤：

1. 学生按要求分成两大组，即会展旅游经营者和会展旅游者。每大组又分为5~6人的若干小组进行准备。
2. 按不同的角色对会展旅游的不同操作流程和要求进行讨论，并记录整理。
3. 要求每位同学写一份策划书，由教师指导，选出较好的策划书供大家讨论参考。
4. 最后，由模拟会展旅游经营者推荐的2~3个优秀小组，分别依据自己的策划向模拟客户组推介自己的产品。

实训总结：会展旅游策划应包括哪些内容？在会展旅游策划中应考虑哪些因素？

实训评估：

1. 由模拟客户组的同学分别打分，并说明打分理由。
2. 由模拟会展旅游经营组分别介绍自己的准备情况、采取的策略以及存在的不足。

第七单元 DIQIDANYUAN

展会宣传与广告策划

学习目标

□ 明确展会宣传推广的目的

□ 理解展会宣传推广工作的基本内容

□ 掌握展会宣传推广所用的手段

□ 懂得展会广告宣传中媒体选择策略

案例导读

新闻宣传策略成就2007年浙江农业博览会

2007年12月1日至2007年12月5日，2007年浙江农业博览会在杭州和平国际会展中心成功举办。2007年农业博览会规模已成为历史之最，是浙江省规模最大、档次最高、辐射面最广、成交额最大的大型农业盛会，是国内外嘉宾开展农产品贸易、品牌推介、信息交流和投资洽谈的广阔平台。此次农博会新闻宣传工作主要包括以下内容：

一、成就展宣传

以“新农业、新农村、新农民”为主题，在世贸会展中心以图片、实物、模型等形式展示浙江农业和农村发展成就，内容包括农业工作和发展成就、畜牧业工作和发展成就、农机化工作和发展成就、农业信息化工作和发展成就、农业“吉尼斯”展示、林业工作和发展成就、渔业工作和发展成就、水利工作和发展成就、新农村建设和扶贫成就等方面。

二、媒体宣传

组委会加大本次成就展的宣传力度，以中央电视台七套、《浙江日报》、《钱江晚报》、浙江人民广播电台、浙江在线、《都市快报》等主流媒体为依托，充分发挥中国农业网、《农民日报》、《农村信息报》、《农产品市场周刊》、《农业产业化杂志》等媒体的宣传优势，组成立体宣传网络，全方位地宣传此次展会。

本届农博会围绕“新农业、新农村、新农民”主题，开展广泛深入的新闻宣传活动，通过电视、广播、报纸、网络、短信平台等多种有效宣传形式，多层次、多角度、立体化地做好农博会会前、会中、会后三个阶段的宣传工作，营造浓厚的舆论氛围，扩大农博会的社会影响，提升农博会品牌影响力。

（一）会前宣传

1. 利用全国各大会展网站、各类专业类网站发布农博会信息及招商公告，吸引各类参展商及专业客商参加。

2. 利用《农产品市场周刊》、《农业科技报》在农业类刊物中的地位，重点宣传本届农业博览会，以吸引大量全国性客商。

3. 建立农博会网站，提前向社会公布网址，并将筹备信息及活动预告与各大网站链接互动。

4. 9 月份开始在杭州主要社区粘贴海报宣传，将农博会信息全面覆盖。

5. 《钱江晚报》，农博会开幕倒计时，以报纸做广告宣传。

6. “西湖之声”电台广播媒体进行新闻报道式宣传。

7. 公交移动车载传媒全方位覆盖杭州公交车。

8. 于农业博览会前召开新闻发布会，向中央、省、市和境外媒体发布展会信息。

（二）会中宣传

1. 与各大主流媒体合作，开辟“2007 农博专栏”，共同报道农博盛会。

2. 发挥网络媒体的独特优势，通过“农民信箱农博专版”、“浙江在线”、“浙江都市网”及时发布农业博览会的信息。

（三）会后宣传

与各大主流媒体合作跟踪报道，及时总结本届农博会经验。

想一想：

1. 浙江农业博览会采用了哪些新闻宣传活动？

2. 浙江农博会采用了哪些新闻宣传手段？

模块一　展会宣传与推广目的

展会的参展数和参观人数是衡量展会成功与否的重要标志，参展者的多少直接影响着展会的规模、效果和收益。展会想要吸引更多的参展者和参观人员，必须加强宣传推广活动。**展会的宣传推广是指利用一切方法、手段、技术，针对展会的主体、活动内容、策略等相关内容进行详尽的报道和宣传，以扩大展会的知名度和宣传范围，吸引更多的人参与和关注。**展会宣传推广是吸引参加者，推广展会主题，树立展会品牌的重要手段。

阅读材料

展会需要及时而有序地开展宣传工作，无论是大众媒体还是专业性媒体，无论是报纸杂志还是电视、电台或网络，事先的媒体投放计划和成本核算是非常重要的。一般来说，新展览会收入总额中用于宣传推广的费用比例一般在20%—30%之间。

一、提升展会的知名度

在一定规模的展览会里，几百个展位堆在一起，也许有上万名参观商蜂拥而上，如何让更多的参观商注意到自己的公司是参展商最为关心的问题。同样，展览会主办者也希望通过各种活动提高展会的知名度，形成良好的会展氛围，推动会展业的大力发展。通过宣传推广和全方位的服务在相关行业内逐步树立展会品牌的知名度，这样，展会才会被参展商和参观者作为首选的对象，才会有更多的参展商和参展观众参与。

二、扩大展会的品质认知度

将自己举办的展会逐步培育成在国内外有重大影响力的品牌展会，是每一个展会主办者不懈的追求和执着的梦想。品牌展会都是通过对展会进行卓有成效的品牌经营才培育出来的，展会品牌经营是展会进行市场竞争最有效的手段之一。

展会品牌经营，就是以经营品牌的观念来经营展会，将展会培育成品牌，并通过展会品牌来加强展会与参展商和观众的关系的一种展会经营策略，通过品牌经营，可提高展会的品质认知度。**品质认知度是指参展商和参观者对展会的整体品质和优越性的感知程度。**通过品质认知度，可使参展商和参观者对展会的品质作出是“好”或“坏”的判断，对展会的档次作出是“高”或“低”的评价。

品质认知度对于展会发展具有以下重要意义：(1) 可以为参展商和参观者提供参加展会的充足理由，高认知度的展会总能吸引更多的参展商和参观者；(2) 展会定位和展会品牌可获得参展商和参展者的认同，提高他们参加展会的积极性；(3) 有助于展会的销售代理展开招展和招商工作；(4) 可以扩大展会的“性价比”，创造竞争优势，促进展会进一步发展。

三、努力创造积极的展会品牌联想

品牌联想是消费者看到某一特定品牌时，从自己的记忆中所能被引发出的对该品牌的想法，包括感觉、经验、评价、品牌定位等，是任何与品牌记忆相联系的事物，是人们对品牌的想法、感受及期望等一连串的集合，可反映出对产品的认知。

展会的品牌联想是指在目标参展商和参观者的记忆中与该展会相关的各种联想、判断和想法，包括展会的类别、展会的品质、展会的服务、展会的价值和顾客在展会中的利益等，是人们对展会品牌的想法、感受及期望等的集合。

销售与品牌联想之间具有很强的关联性。一般而言，市场竞争力高的品牌均拥有相当多的品牌联想，同时也有相对比例较多的正面联想，即积极联想；市场竞争力差的品牌，则具有相对比例较多的负面联想，即消极联想。品牌经理人在塑造品牌形象时，总是希望通过各种不同的营销管道，竭尽所能地为品牌建立并累积正面的品牌联想，进而在消费者心中形成持久性的印象，以巩固品牌的市场优势。

展会品牌联想也可分为积极的联想和消极的联想，积极的展会品牌联想有利于强化展会的差异化竞争优势，使目标参展商和参观者对展会的认知更趋于全面，帮助目标参展商和参观者进行选择与决策，促成他们积极参加展会。展会的组织者需要通过营销等各种手段，努力促使目标参展商和参观者对展会产生积极的品牌联想，这是展会品牌经营的任务之一。

四、不断提升目标参展商和观众对展会品牌的忠诚度

品牌忠诚度是指消费者在购买决策中多次表现出来对某个品牌有偏向性的行为反应。品牌忠诚度的形成不完全依赖于产品的品质、知名度、品牌联想及传播，它与消费者本身的特性密切相关。提高品牌的忠诚度，对一个企业的生存与发展、扩大市场份额极其重要。

展会的品牌忠诚度是指参展商和参观者对展会的偏向性行为反应，是依据展会的品牌、知名度、品牌联想以及以往展会活动的记忆等因素形成的对展会的感情的度量。目标参展商和参观者对一个展会品牌的忠诚度越高，他们就越倾向于参加该展会；相反，他们越容易转向参加其他展会。

品牌代表了规模、信誉和企业形象。品牌展会的四大核心资产是品牌知名度、品质认知度、品牌联想和品牌忠诚度。参展商和参观者对展会的品牌忠诚度越高，越利于提高展会的知名度、认知度，形成品牌联想。同样，高的品牌知名度、品质认知度也利于参展商和参观者形成高的品牌忠诚度，它们之间是相辅相成、互相促进的关系。

模块二　展会宣传与推广的内容

与其他产品一样，要提高展会的知名度，最大限度地吸引参展商和参观者，获得预期的经济效益和市场效应，必须进行必要的宣传与推广活动。展会可根据其规模的大小，选择相应的宣传推广内容。小型的展会由于时间短，应侧重宣传时间、地点等与展会有直接联系的信息；大型展会由于周期较长，其宣传和推广工作是一个长期性、系统性的工作，应侧重在主题与相关活动的宣传上。无论是大型展会还是小型展会，展会的宣传推广都可从基础资讯、相关活动和展会品牌三个角度展开。

一、展会基础资讯的宣传与推广

展会的基础资讯是必须向参展商和参观者详细介绍的基本信息，在展会开始前期的筹备期间就要进行宣传和推广，以便更多的人了解和参与。基础资讯主要包括如下内容：

1. 开展的时间、地点、交通、住宿、会务组接待事宜、展会的时限等。
2. 参展者的情况、往届展会效果、社会评价等。
3. 参展的要求与条件等。

只有将如上的基础资讯向参展商和参观者宣传推广，才能更好地保证展会如期顺利开展。展会的组织方会将以上基础资讯编订成册，印刷后，通过邮寄或人员推销等方式送达给各目标参展商。

2007年第三届郑州糖酒食品交易会基础资讯

展会名称：2007年第三届郑州糖酒食品交易会
布展时间：2007年11月13日
展览时间：2007年11月15日
撤展时间：2007年11月17日
展会场馆：河南郑州商品交易中心展馆
主办单位：中国国际食品协会　中国国际糖酒营销协会　瑞城展览服务有限公司
展会类别：糖、酒、饮料　综合类食品展　农业、名特优、绿色食品
展览范围：

A. 酒类：各种白酒、葡萄酒、啤酒、果露酒、保健酒、黄酒、酒精等。

B. 酒文化展：酒类文物器皿、酒类配套用品、酒类包装设计等。

C. 食品：果汁、各种饮料、矿泉水、纯净水、罐头、方便面、糖果、饼干、调味品、奶粉、食用油等。

D. 绿色食品、休闲食品、老年食品、保健食品、儿童食品、速冻食品、清真食品、肉制品、农副产品。

收费标准：9平方米国际标准展位。A区3800元/个，B区3500元/个，双开口展位加收10%展位费。室内空地：A区36平方米起租，400元/平方米；B区18平方米起租，350元/平方米。室外空地300元/平方米。

参展企业资格：参展单位应是工商管理部门登记的企事业单位，参展产品必须证件齐全（包括工商营业执照、卫生许可证、食品生产许可证）。如有弄虚作假行为，一经发现，责任自负。

二、展会相关活动的宣传与推广

举办一场成功的展会，不但要有著名的企业参展，有相当多的观众参观，还要有组织得当的各种相关活动。**展会相关活动是指为创造展会现场气氛或丰富展会功能，而在展会期间举办的各种活动，**这些活动和展会融为一体，成为整个展会的重要组成部分。

1. 展会相关活动的种类。展会相关活动的种类很多，比较常见的有：

（1）会议。会议是展会期间最常见的相关活动。展会的组织机构通常在展览期间组织各种与展览相关的会议，并邀请一些著名的专家、学者、企业和政府官员参加，通过会议交流行业信息，传播新技术，介绍新项目，提倡新理念和新思维。

（2）表演。表演也是展会期间十分常见的活动，由展会组织者负责组织、参展企业积极参加的表演活动主要有音乐演奏会、街头表演、盛装游行、电影节等。

（3）比赛。展会期间也可以举办一些比赛活动，以增加参展商与参观者之间的互动，以增强效果。比赛活动大体有两种：一种是以大众观赏性为主要目的的比赛活动；另一种是以行业为特征的专业性比赛活动。

（4）其他相关活动。除了最为常见的会议、表演和比赛外，有些展会在展会期间还会举办一些其他相关活动，如群众性参与活动、投资项目招商洽谈活动、项目招标活动、影视明星及公众人物与大众见面活动等等。

2. 展会活动的宣传推广。展会期间的各种活动同样也需要相应的宣传推广活动，在一定程度上可以帮助展会凝聚人气，增进联系，明确主题，形成品牌效应，对展会活动起到推动的作用。相关活动可以在展会筹备期间作为基础资讯加以宣传，也可以在展会期间通过专门的宣传活动推广。有些大型的展会将相关活动融入展会过程，不仅在展会举办地点进行，也可将活动延伸至整个城市和地区，以获得更大的宣传效果和经济、社会效应。

阅读材料

第四届“玩博会”展会宣传推广及相关活动

1. 博览会依托于中国小商品城市场和义乌市玩具行业协会的大力支持，力争邀请常驻义乌市的一百五十多个国家的八百多个国际贸易机构前来参观、采购。

2. 在全国范围内邀请经营玩具及儿童用品的进出口公司、外贸机构和国内贸易商前来参观、采购。

3. 广泛邀请国内外各大卖场、批发市场和专业玩具连锁机构前来参加本次展会。

4. 在国内主要玩具及相关展会上进行推介宣传，派发邀请函和商务参观券。

5. 通过国内专业媒体、杂志、报纸和互联网上的各大专业网站和门户网站向全世界发布本次展会信息。

6. 展会开始前，在报刊、电视等大众媒体上进行立体式宣传，发送邀请函和参观券，并制作大型户外广告。

7. 广泛寄发展会宣传资料，如招展书、邀请函、商务请柬、参观券及海报等，邀请高级对口买家及专业观众。

8. 邀请媒体现场采访参会领导、行业负责人、参展厂商、专业观众和市民，及时进行展会报道。

9. 组委会将印刷精美的会刊 1 万份，在展会开始前和展会期间向各经销商、贸易商、商会团体、行业部门及各大宾馆免费发放。

展会是市场和行业信息的重要集散地。参展企业精心设计展位，精挑细选展品，主要目的是为了在展会上充分展示企业和产品的良好形象，树立和强化品牌。展会的相关活动能很好地扩展展会的这一功能，并强化展会的发布功能。举办展会相关活动能极大地丰富展会的信息功能，吸引更多的潜在参展企业和潜在观众。同时，展会相关活动也能活跃展会现场气氛，极大地调动现场观众的积极性，使展会现场气氛活跃，为参展企业创造良好的现场氛围。

三、展会品牌的宣传与推广

品牌展会是指具有一定的规模，能代表和反映该行业的发展动态和发展趋势，对该行业具有较强的指导和影响力的展会。一个展会如果只办一次，通常来说是很难盈利的，只有创出品牌，周期性地办下去，才可能盈利。将展会逐步发展成在国内外有重大影响力的品牌展会，是每个会展主办单位不懈的追求和奋斗目标。从国际形式上看，品牌化必将是会展行业未来的发展趋势，而展会的品牌化很大程度上需要依靠宣传推广活动。

模块三　展会宣传与推广的手段

展会宣传与推广是提高展会知名度，吸引参展商和参观者直接参与的主要途径，其手段多种多样，可以根据财力、人力以及展会本身的特性选择组合使用。目前常用的手段有广告、新闻宣传、公共关系等。

一、广告

广告是可以用来泛指一切不针对特定对象的公告，包括公益广告、旅游广告等等。然而，日常生活中所说的“广告”往往特指商业广告，即用于推广货品、服务或理念的付费公告。从整合传播的角度来说，广告活动可以涵盖广告、促销、公共关系等一切传播活动。通过广告向市场和社会传递积极的商业信息是常见的促销手段之一。

展会举办成功与否，就看举办方能否将其展会办成在国内外有较大影响力的品牌会展，能否吸引众多的参展商和参观者。吸引参展商或参观者最有效的方法之一就是广告，它是展会活动的重要宣传手段，广告效果的好坏直接关系到会展是否成功。

（一）广告在展会中的应用

随着市场经济的发展和繁荣，展会的市场化程度越来越高，其宣传与推广工作越来越引起各方面的重视。作为吸引参观者和参展商最主要手段之一——广告，在展会的运作过程中起着至关重要的作用。

1. 展前广告。在展会举办之前，举办方通常会通过一系列的广告活动宣传本次展会的范围、影响力、时间、地点、具体安排等基本信息。参展商了解到相关信息后会及时把握时机，赞助有影响力或预期效果较好的展会，借此宣传推广自己的企业、产品或服务，提高知名度。

2. 展中广告。在展会举办期间，举办方利用新闻媒体及时报道展会的进展情况，以便更多的目标群体关注本次展会，了解基本信息。同时，也会通过举办开幕式、闭幕式、表演、音乐会等一系列的活动来吸引参观者，提高参展人数。参展商也可加大广告投入，借机宣传、推销自己的产品，提高企业品牌形象。

3. 展后广告。展会举办结束后，参展商和举办方通常都要进行总结，此阶段同样离不开广告。举办方通过媒体发布会，对展会的效果进行客观评价，提高参展商和参观者对展会的品牌忠诚度。参展商借助展会的知名度，进一步提高企业形象。

（二）展会广告应遵循的原则

展会离不开广告，但并不是只要进行大量的广告活动，展会就能取得成功。展会举办者要合理地设计广告内容，选择恰当的广告形式，严格遵守展会广告的原则。展会广告应遵循的原则主要有：

1. 市场导向原则。展会活动的开展必须贴近市场变化，顺应市场的潮流，这要求相应的广告活动也要适用市场的变化，遵循市场导向的原则。展会举办者要从参展商和参观者的角度出发，通过广告活动的宣传推广，建立起参展商和参观者之间的融洽和谐关系。

2. 目标性原则。展会广告的设计到发布要有一定的目的性，针对目标参展商和参观者，通过有目标的展会广告，提高展会的知名度，提升目标参展商和参观者对展会的品牌忠诚度。

3. 系统性原则。展会广告是个系统工程，需要贯穿在展前、展中和展后三个阶段之中，通过对展会活动不同的角度和层次的规划，使之更具系统性，为展会活动的顺利开展起到宣传推广的作用。

4. 针对性原则。展会广告主要针对目标参展商和参观者，因此，相关活动的推出要充分考虑他们的需求。

5. 诚信原则。展会的广告宣传活动要严格恪守诚信的原则，对目标参展商和参观者实现自己的承诺，这是提高展会知名度、稳定顾客忠诚度的关键。因为目标消费群体一旦发现自己被某展会欺骗，势必马上抛弃该展会，这会影响到展会的长期发展。

另外，展会广告活动也要有相当的专业性，可与广告代理公司合作，实现广告宣传的最佳效果。

二、新闻宣传

新闻宣传活动是指借助新闻媒体，通过新闻发布会、知名网站链接等方式，对事件进行综合的评价和报道，以起到宣传推广的作用。通常情况下，这种报道和采访是免费的，而且可信性较强，效果直接、明显。

展会的新闻宣传活动贯穿在展前、展中和展后全过程。展会的举办方通常在展会筹办及举行期间设置专门的新闻宣传部门，由一些从事新闻媒体相关工作的人员组成，包括记者、编辑、摄影师、专栏作家等，共同为展会活动进行积极、正面的报道。其具体实施步骤如下：

1. 展会前的新闻宣传。展会举办之前，要任命专职的新闻负责人，并组织相关工作人员进行展会信息的搜集、整理和更新，制订新闻宣传工作计划，通过举办新闻发布会、广告等方式，在报纸、广播、电视等媒体上积极、真实地宣传本次展会活动的主题、主办单位、参展单位、活动安排等详细信息，形成展会前新闻宣传的舆论声势。

2. 展会中的新闻宣传。展会中的新闻宣传活动从开幕式开始，新闻媒体可全程直播展会的开幕式实况，并在报纸、杂志、网站上醒目位置刊登展会开幕情况报道，并配发言论和图片，各电台、电视台可播发有分量的消息、评论和现场侧记的录音、录像报道等。在展会举办期间，集中各报纸版面、广播、电视的黄金时段，全方位、大容量地反映展会的动态消息，实时向参展商和参观者报道展会期间的相关活动和新闻。

3. 展会后的新闻宣传。新闻宣传工作不应随着展会的结束而结束，展会的闭幕式同样需要新闻宣传。报社、电台、电视台等新闻媒体要刊播展会期间发生的重头消息和言论、评论。同时，展会的新闻宣传部门要做好后勤保障工作，兑现展前的相关承诺，向出席展会相关活动的记者发感谢信，迅速回答新闻报道引起的读者来信，并要与媒体建立长期良好的合作关系。

阅读材料

2007年中国（义乌）第二届国际运动休闲用品采购交易会新闻宣传计划

时间：2007年9月13—15日

地点：中国小商品城会展中心

批准单位：义乌市小商品城会展中心

协办单位：澜缑苹杂志社

支持单位：义乌市经济发展局

承办单位：杭州创杰展览服务有限公司（义乌市会展业联合会会员单位）

强大的新闻媒体宣传：本次展会运用强大的宣传模式，海（专业网站）、陆（报纸、杂志、公交车）、空（电台、电视台）近百家媒体对展会进行报道宣传

境外特别支持机构：阿拉伯亚洲商务卫星电视台

三、公关活动

公关是公共关系的简称，是一种常见的促销工具。它通过与企业利益的相关者，包括供应商、顾客、雇员、股东、社会团体等建立良好的合作关系，为企业的经营管理营造良好的环境。这种建立良好公共关系的一系列活动被统称为公关活动。

展会活动不同于传统的企业销售行为。但是，作为一种营利性的展会活动，同样需要公关活动来构建与目标消费群体之间良好的公共关系，保证展会顺利、良性的运转。因此，展会的主办方往往通过会议、评奖、演出等公关手段进行展会宣传和文化交流，以获得参展商的认可，引起参观者的共鸣。

1. 会议。会议是报告会、研讨会、交流会、说明会和讲座的统称，是参展商为扩大其产品和服务的影响而采用的一种直接而有效的方法，是一种常见的公关活动。会议可以吸引相关行业的合作者、决策者和影响者参加，可以借此介绍产品的性能、用途、使用方法等，也可以共同探讨生产、供应、销售等各方面的合作。

由于展览会的形式比较单一，举办以丰富、补充展会内容为直接目的的会议十分必要。展览和会议两者相互配合，相互补充，共同促进展会的多元化发展。

2. 评奖。为提高参展商的积极性，形成良好的竞争环境，展会的主办方在展会期间会举办评奖活动，并成立专门的评奖专家组，对参展商的参展产品和参展活动进行评奖，并将评奖结果通过媒体宣传。

阅读材料

2007年中国（成都）国际食品博览会评奖活动

评奖活动：展会期间，将为参展商和前来参观的商家主办一系列会谈和丰富的现场评奖活动。

展品评奖：组委会对获奖产品授予证书。

展位设计评奖：组委会对获奖单位授予证书。

展览组织奖：采取专家评审和群众投票相结合的形式组织评奖活动，由大会组委会对获奖单位颁发证书。

3. 演出。在展会期间，主办方和参展商为了吸引更多的参观者，往往会组织一系列的活动对展会进行宣传推广，演出是最常见的形式之一。展会的演出活动形式丰富多样，大都与促销相结合，由公关公司负责完成。

阅读材料

2006年中国国际美食旅游节开幕式演出活动

1. 福——传统的美食节开幕式，灶神祈福表演。
2. 幻——当今最绚的COSPLAY、流行时尚的街舞表演。
3. 威——展现成都旅游文化的美食三国马队。
4. 趣——“美食童话”卡通人物造型的情景式表演。
5. 古——古雅、生动的老成都小吃文化的“美食上河图”风情行进表演。
6. 奇——展现世界美食文化的风情表演。
7. 娆——展现一千年前芙蓉城繁华富庶的音乐剧《金沙》精彩片段。
8. 炫——梦幻成都时尚流行节奏的人体彩绘、服装秀等情景表演。
9. 欢——突出“三国”、突出金沙、突出国际的各大亮点，“美食盛世、天下成都”欢乐场景的美食狂欢。

模块四　展会广告策略

为力求在广告宣传活动中取得更大的效果，企业在明确的广告目标和策划基础上，还应研究和制定相应的广告策略。这是现代企业在高度市场经济中保证市场营销任务完成的关键，展会活动的顺利开展也离不开这一重要的宣传推广手段。

一、制定广告策略的步骤

展会的参展商需要通过广告向参观者传递展会的主办单位、承办单位、时间、地点、规模、主题、内容、优势等相关内容，如何保证内容准确、系统的传递，需要在制定广告策略时有所考虑，并遵循一定的步骤。

1. 明确广告受众。展会的广告受众是指在展会期间能直接从参展商处购买或预订商品和服务的消费者，他们可能是产品的使用者或购买的决策者。参展商首先要明确广告受众，并围绕目标受众的需求制定广告策略。

2. 设计广告内容。广告内容是真正吸引消费者的主要原因。展会的广告内容需要参展商根据展品的特点认真设计，作到简明扼要、风格独特、主题明确，通过有特色的广告内容吸引更多的参观者驻足观看，进而购买。

3. 制定广告目标。广告目标是指在广告计划期间，为达到一定的广告目的和要求而制定的，具体广告活动所要完成的指标。广告目标按目标的层次不同，可分为总体目标和分目标；按目标涉及的内容不同，可分为外部目标和内部目标；按目标的重要程度不同，可分为主要目标和次要目标。目标一经确立，必须制定出实现目标的指标、计量标准和实施方法，使广告目标量化。因此，展会广告在制作前一定要根据目标受众的需求，设计和制定广告目标。

4. 运用广告手段。广告的表现手段多种多样，促销、公关、包装、新媒体等宣传推广活动都可以通过广告表现。会展活动的广告策划可综合运用各种媒体，并进行组合、调整，为展会信息的传播提供整体策略。

5. 策划广告的互动。广告的表现形式丰富多样。参展商在设计广告内容和形式时，要突破传统观念的束缚，改变传统的“灌输”式，可通过用户注册、信息回馈、有奖促销等手段增强广告传播的互动性，使展会的内容更详细、准确地被参观者获悉。

二、媒体选择策略

所谓广告媒体，是指传播广告信息的物质，凡能在广告主与广告对象之间起媒介和载体作用的物质，都可能称为广告媒体。例如，大众报纸、电视、电台、招贴、旗帜等都是媒体，它们向人们传递各种信息。作为展会的广告活动，在选择媒体时，应根据展会的内容，选择恰当的媒体形式。

（一）媒体形式

1. 专业媒体。展会行业常见的专业媒体包括会展杂志，如《中国会展》；会展报纸，如《会展快报》；会展网站，如“中国展览总网”等。展会期间，参展商可以通过展位交换、广告交换、付费购买、共享资源等方式传递信息和新闻。

2. 大众媒体。电视和电台是覆盖面最广的媒体形式。由于会展的地域性较强，在选择媒体时，最好使用当地媒体或区域性媒体，尽可能地降低成本。除此之外，在网络技术日益发达的今天，参展商也可以借助网络宣传推广自己。电视、广播以硬广告为主，软新闻为辅；报纸、网站以软新闻为主，硬广告为辅。

同时，尽量制造展会的亮点，引起各媒体的关注。例如，可组织媒体记者进行产业新闻报道、行业人物专访，或召开行业高峰论坛，邀请业内专家、学者、行业领袖就行业发展趋势、近期热点话题、最新科研成果等进行研讨，以新闻发布会的形式将这类信息传递给记者和媒体的信息采编人员，由他们挖掘题材，从侧面宣传展览会。

3. 户外广告。户外广告成本相对较低，效果比较明显。参展商可利用人流量较大的公共场所，如机场、车站、码头、商业街道和广场、专业市场、市内主要街道与展馆周围等地点，以户外广告的形式进行广泛宣传，其具体形式有路牌、墙体、灯箱、易拉宝、海报、彩虹门、升空气球、气模柱、大型布幔、条幅、彩旗、吉祥物、灯杆 POP、电子显示屏等。

（二）广告媒体选择的影响因素

不同的广告媒体形式表现不同，费用不同，效果也不同。因此，参展商在选择媒体形式时，要充分考虑各方面因素。

1. 目标市场的媒体习惯。不同的展会针对不同的目标市场，有针对性地选择媒体形式是增强广告促销效果的有效方法。例如，关于玩具方面的展会，目标消费者是儿童和青少年，而对于青少年，广播、电视是最有效的广告媒体；而生产或销售玩具的企业，在把学龄前儿童作为目标沟通对象的情况下，绝不会在杂志上做广告，而只能在电视或电台上做广告。

2. 产品。选择广告媒体，应当根据参展商所推销的产品或服务的性质与特点而定。因为各类媒体在展示、解释、可信度、注意力与吸引力等各方面具有不同的特点。工业产品与消费品，技术性能较高的复杂产品与较普通的产品，应采用不同的媒体进行广告宣传。

3. 广告内容。广告的内容受广告媒体形式的限制。展会宣传信息采用报纸、电视、广播、网络效果比较明显，大量的技术信息采用专业杂志或邮寄宣传品效果比较明显。

4. 广告传播范围。选择广告媒体，必须使媒体所能触及的影响范围与企业所要求的信息传播范围相适应。如果参展商的产品在全国范围内销售，宜在全国性的报纸、电视台、广播电台和网络上做广告。如果在某一地区或城市销售的产品，则应选择地方性报纸、电台等传播媒体。

5. 成本。成本是选择媒体形式的重要参考依据，在常用的媒体形式中，电视的费用是最高的，广播、报纸和杂志相对较低，网络的费用是最低的。参展商应根据展会的实际要求和展品的自身特点，选择恰当的媒体宣传形式。

综合案例分析

“2006年沈阳世界园艺博览会”宣传工作方案

2004年9月1日，世界园艺生产者协会（AIPH）第五十六届大会正式批准沈阳举办“2006世界园艺博览会”，类别为A2 + B1级专业国际展会。展会于2006年5月1日至10月31日举办，展期184天。

被誉为国际经济与科学技术界奥林匹克盛会的世界园艺博览会，至今已举办了25届。沈阳是继昆明之后，我国第二个举办世界园艺博览会的城市。沈阳世界园艺博览会（简称世园会）是促进中国沈阳与国内外进行经济、文化、科学技术交流的盛会。如何运用现代化的宣传手段，在世界范围内展开世园会宣传推广，成为当务之急。

一、沈阳世园会国际市场推广存在的问题

1. 市政府和世园会组委会十分重视宣传工作，但对于国际市场的重视不够。
2. 缺少有效的国际市场推广手段。
3. 国际市场的推广缺少针对性。

二、沈阳世园会国际市场推广策略

沈阳市的国际目标市场以日本、韩国、东南亚等为主，其他如欧洲、中东、加拿大、俄罗斯为辅。世园会国际营销部应针对不同的国际市场采取有效的促销手段。

1. 政府的组织机构推广。世园会的推广和促销离不开沈阳市政府的领导和支持。(1) 日本、韩国与沈阳的距离相对较近，可以大做文章吸引这些地区的游客来世园会，在这些国家和地区的大城市举行推介活动，如在韩国首尔和日本东京召开世园会的推介会。(2) 借助本国和国外的政府组织机构，把我国驻外机构及外国驻华机构纳入到世园会的促销队伍中。

2. 事件推广。(1) 邀请各国文化、经济方面的协会（如贸易促进会）或代表成员来参观考察。(2) 充分利用各种表演和活动来搞好推广工作。沈阳世园会“十大风情表演”将成为一个亮点，应充分利用风情表演来吸引游客来沈阳世园会。(3) 选取特定的时间，组织沈阳世界园艺博览会艺术周活动，将艺术爱好者的优秀作品，如雕塑、素描等作品陈列在各国的布展室内。为每个参展国选日期，国际参展商在固定日期间举行各项文化、艺术活动，通过参展国相关新闻媒体的报道，扩大沈阳世园会的影响。

3. 企业促销。世园会期间，沈阳是中外游客的集散地，此时企业到沈阳世园会来做宣传，利用沈阳世园会强大的宣传力度，能够使企业扩大知名度，争取与国际知名企业签约。

4. 媒体推广。在世园会倒计时60天、30天、7天时，世园会组委会在伦敦、巴黎等世界上具有影响力的城市召开新闻发布会，从而使世园会在短时间内吸引全世界的目光，产生轰动效果。对世园会开幕式三项主要活动（招待宴会、开幕式仪式、文艺烟花会）及中国建立57周年庆典进行全球直播。争取在中央电视台相关频道开办宣传报道世园会的专题节目。世园会举办前期及举办期间，邀请外国常驻中国记者来沈阳考察采访世园会的筹办情况、举办盛况。

想一想：

1. 沈阳世园会市场推广采用了哪些可行策略？
2. 试分析沈阳世园会宣传推广中有哪些经验教训？

本单元知识结构图

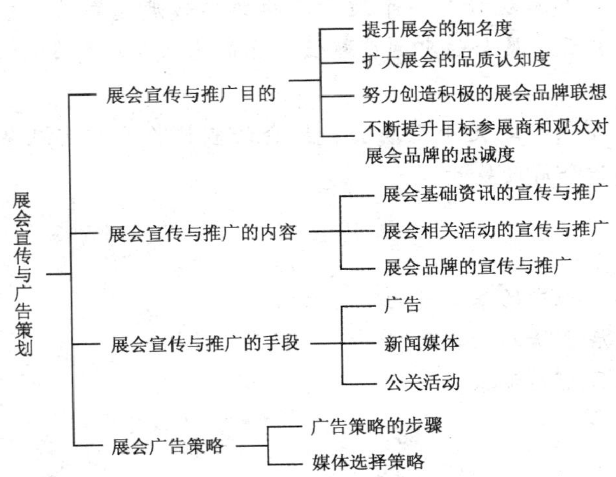

关键词

展会的宣传推广　品质认知度　展会的品牌忠诚度　广告　新闻宣传活动　公关　广告媒体

练习与实训

一、多项选择题

1. 展会品牌联想可分为(　　)。

A. 积极的联想　　B. 消极的联想

C. 主观的联想　　D. 客观的联想

2. 展会广告应遵循的原则包括(　　)。

A. 市场导向原则　　B. 目标性原则

C. 系统性原则　　D. 针对性原则

二、填空题

1. ________是吸引参加者、推广展会主题、树立展会品牌的重要手段，各展会总是想尽办法，综合运用各种手段实现最佳的效果，达到宣传推广的目的。

2. 展会的品牌联想是指在目标参展商和参观者的记忆中与该展会相关的各种________、________和________，包括展会的类别、展会的品质、展会的服务、展会的价值和顾客在展会中的利益等，是人们对展会品牌的想法、感受及期望等的集合。

3. ________是品牌价值的核心。

三、判断题

1. 目标参展商和参观者对一个展会品牌的忠诚度越高，他们就越不易倾向于参加该展会，相反，展会的忠诚度越低，他们越容易转向参加其他展会。(　　)

2. 无论是大型展会还是小型展会，展会的宣传推广都可从基础资讯、相关活动和展会品牌三个角度展开。(　　)

四、简单题

1. 展会宣传与推广的基本目的是什么?

2. 举例说明展会活动的类别。

3. 简述广告策划的步骤。

第八单元 DIBADANYUAN

会展相关活动策划

学习目标

- ☐ 知道会展相关活动的种类
- ☐ 了解相关活动对展览会的作用
- ☐ 知道会展相关活动策划的原则
- ☐ 掌握现代会展相关活动的策划流程

案例导读

难忘的开幕式——“厨房”辩论

1959年，美国住房展览会在莫斯科举行，时逢尼克松访问苏联，因此，他主持了展览会开幕式等重要活动。赫鲁晓夫也参加了开幕式。展览会展示了美国家庭的卧室、客厅、书房、厨房……苏联人民头一次目睹美国现代家庭生活设施。这次展览会在国际上很轰动，但并不是因为展品，而是因为尼克松和赫鲁晓夫当众在厨房展览室进行的“厨房辩论”。东西方两位领导人就社会主义和资本主义的优劣展开激烈的辩论。或许当初组织者并未意识到要利用国家领导人出席来提高展览会的知名度，但多年后的今天，人们仍然对这次展览会记忆犹新，并且津津乐道。

想一想：

1. 为什么人们会对这次展览念念不忘？
2. 开幕式活动给展览会带来了什么？

模块一　会展相关活动的种类

会展相关活动是指为创造展会现场气氛或丰富展会功能而在展会期间举办的

各种活动。这些活动和展会融为一体，成为整个展会的重要组成部分。展览会的相关活动类型多样，层出不穷，大体上可以分为以下几种：

一、会议活动

会议活动是指报告会、研讨会、交流会、说明会、论坛、讲座等会议活动的统称。在展览会期间举办会议是很普遍的做法，并有普及的趋势。

会议是参展商在展出地为扩大其产品和服务的影响而采取的直接而有效的方法。会议可以吸引来自展出地市场中相关行业的许多行家、决策人物和有影响的人士，从而增强展览会的影响力和宣传力。会议内容可以是介绍产品的性能、用途、使用方法，也可以探讨生产、供应、销售等各个环节。会议具有补充展览的作用。比如，在境外参展时，参展企业携带的产品可能有限，另外，国家的经济状况、贸易体系、投资法规等也是展览所不易表达的，而举办会议则可以较全面地介绍产品和有关情况。

二、公关活动

公关活动是指会展企业针对目标观众、媒体等受众进行的沟通活动。其目的是为了扩大展览会的影响，吸引更多的参展商及观众。展览的公关活动主要有开幕式、闭幕式、记者招待会、新闻发布会、签字仪式以及宴会、舞会等。

三、评奖、表演活动

会展企业在展会期间还会举办一些评奖、表演类活动，以活跃现场气氛，吸引企业及观众参加展会。

评奖是一种具有宣传功能的展览活动。评奖活动一般由会展企业组织，参展企业参加，评审团应尽量选择有代表性、权威性的人士，并将所有参赛者公开，这样评选出的结果才具有说服力。一个公正、权威的比赛，也可以增加展会的品牌形象。比赛规则以及评奖方法制定出来以后，也必须及时公布，并与有意参赛的企业交换意见，作到公平、公正、公开。一般把比赛结果的揭晓日期安排在展会结束的前一天，一方面让比赛结果充满悬念，另一方面也可以让所有参与者全情投入到展会中，使展会效果更好。

策划者要组织一个公开的颁奖仪式，把公正的比赛结果正式公布出来，使得该项比赛更加具有影响力；并为获奖者颁发一个富有纪念意义的物品，如奖状、证书之类。如果活动经费允许，还可以给获奖者颁发奖金。总之，要给获奖者一些具有吸引力的奖励，这样就可以继续吸引参展者参加下一次的比赛，把该项比赛作为该展会的固有活动，形成比赛品牌，从而影响展会品牌。

表演内容可以选择与展品有关的操作演示，也可以是与展品无关的表演。一件精美的刺绣品放在展台内，参观者可能熟视无睹。但是，安排一个女工或女艺人现场表演刺绣，可能就会吸引很多人，展出效果自然也会提高。当然，与展品无直接关系的表演也能吸引观众的注意。

要注意表演、比赛等这类活动都是公众参与性较高的活动，所以它具有不可避免的风险，提前作好危机管理方案也是策划的关键。

四、促销活动

促销活动是指会展企业使用各种短期性的刺激工具，用以刺激观众或参展商参加展览会。另外，参展商也可运用促销活动聚集人气或售卖商品。

促销活动的方式多种多样，如优惠券、竞赛与抽奖、包装促销、回邮赠送、付费赠送、退费优待、零售补贴、免费样品、POP 广告等。这些方式各有其长处和特点，企业应根据不同的产品特点、不同的市场营销环境、不同的顾客心理等情况，灵活地加以选择和运用。

小案例！

茅台酒的辉煌正是企业巧妙利用展会促销获得成功的范例。早在 1915 年的世界博览会上，酒厂参展人员为了引人注意，故意失手打破一瓶茅台，展馆顿时弥漫醉人的酒香，引来无数观众和买家。茅台酒也因此荣获国际金奖，位列世界名酒第二。

模块二　会展相关活动策划的作用与原则

一、举办会展相关活动的作用

1. 丰富展会信息。从本质上来说，会展是为信息交流而进行的传播活动。会展的最大特点在于信息的“集中”。从“会”的角度讲，会议的每一个参加者，既是信息的传播者，又是信息的接收者；从“展”的角度来说，展览是以展馆场所为媒介进行社会信息系统的运行；从目标受众的角度来说，观众参观展会大都是为了能在展会中搜集各种有用的信息。因此，展会本身是信息的总汇。举办会展相关活动正是为了极大地丰富展会的信息。

2. 强化展会发布。专业展览会常常会有系列研讨会、讲座、产品发布会等活动，主讲单位一般都是行业内的领先者。由于展会上行业人员聚集，信息传播很快，许多企业都选择展会作为发布信息的场所。有些展会专门组织产品发布会供企业选择，还有些展会将新产品发布与表演、比赛等活动结合起来，以此来强化展会的发布功能。

3. 扩展展会展示。展会的价值与展出目标主要是在展台上得以实现的。展台工作包括展会开幕期间的展台接待、展台推销、贸易洽谈、情况记录、市场调研等。如果将筹展工作比作“搭台”，展台工作比作“唱戏”，那么，展会的相关活动就好比“配乐”、“配器”。在展会期间举办相关的活动，如产品展示会、有关表演和比赛等，能更好地展现企业和产品的形象，给观众留下更加深刻的印象。

4. 延伸展会贸易。在大多数交易会、展览会和贸易洽谈会上都能签署一定金额的购销合同，以及投资、转让和合资意向书。据统计，法国博览会和其他专业展览会每年展商的交易额高达1500亿法郎。在1999年深圳高交会上，成交项目1459个，成交金额达6494亿美元。因此可以说，展会是一个重要的贸易平台。举办会展相关活动能够延伸展会贸易的这种功能。例如，产品订货会、产品推介会、项目招标活动等，都可以使展会取得良好的经济效果。

5. 活跃展会现场气氛。举办富有观赏性和趣味性的相关活动能极大地调动现场观众的积极性。在设计相关活动时，策划者应当选取参与性强、互动效果好的项目，这样不仅能给观众留下深刻的印象，而且可以活跃展会现场气氛，为参展企业创造良好的现场气氛。

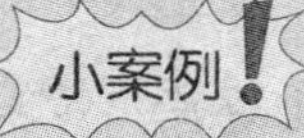

别开生面的活动策划

位于美国南部的夏洛特展览公司专门举办针对妇女、家庭用品和草坪、农场及圣诞节的活动。该公司副总裁有如下的体验：在杰克逊维尔市举办妇女用品展时，该公司与当地电视台合作，策划了一次为无家可归者捐赠服装的活动，总共为无家可归者捐赠了约二千套服装。凡是到展会购买西装用来捐赠的观众都可以免费入场。另外，在举办家庭用品展时，该公司与其中的一位参展商共同进行了一次“丑家竞赛”，观众争先恐后地将自家的厨房、面板、浴室、院子的照片贴到参展商展位前的布告板上。一时间人流涌动，参展商订单大增。

二、举办会展相关活动的原则

策划展会的相关活动是为展会服务的，所以，举办展会活动的原则应该是“锦上添花”，而不应当是“画蛇添足”。一般说来，举办展会的相关活动应遵循的原则有以下三条：

1. **要切合展会的主题。**举办展会的相关活动一定要与展会的主题相得益彰。展会相关活动的策划不能漫无边际、空穴来风，如果举办的相关活动与展会主题不相干，活动的形式脱离展会的实际，那么，相关活动不仅与展会脱节，而且还会扰乱展会的现场秩序，甚至造成一些安全上的隐患。

2. **有助于吸引目标受众。**策划得当、组织完善、丰富多彩的展会相关活动对展会观众有很大的吸引力。能吸引目标受众是举办展会相关活动的重要原则。展会不能没有一定数量的参展企业和观众，有一定数量与质量的企业参展是展会赖以存在的基础，而有一定数量与质量的观众参观则是展会赖以发展的根本。举办展会的相关活动一定要充分考虑到目标受众的因素。

3. **有助于提高展会效果。**企业参展的目标是多种多样的，不论参展商抱着怎样的目标，总是希望能够达到预期的目的，获得良好的展览效果。展会相关活动的策划要组织有力，秩序井然，要为人们所喜闻乐见，为获取展会总体效果服务。

如果把展览会比做一个大舞台的话，那么，展览会所举办的相关活动都可以看做是展会大舞台上的道具。道具的设置一定是剧情发展所需要的，如果可有可无，那最好是不要安排该道具登台亮相。

模块三　会展相关活动的策划

一、开幕式策划

无论是提倡高规格还是崇尚简单，几乎所有主办单位都会以举行开幕式的形式来宣传展览会的正式开始，因而开幕式成为展览会不可或缺的一项活动。要办好展览会的开幕式，需要做好以下几项工作：

1. **主题**。展览会的开幕式应该围绕一个鲜明的主题来展开。这个主题与本届展览会的定位是一脉相承的。明确了开幕式的主题后，活动程序、领导发言稿和新闻通稿的撰写、表演活动等便有了基调和依据。

2. **时间和地点**。确定展览会开幕式的时间应遵循“三不宜”原则，即不宜过早、不宜过晚、持续时间不宜过长。因此，大部分展览会都将开幕式的时间定在早上9点左右，地点则一般选择在场馆前的广场上举行，主席台往往需要临时搭建。另外，策划开幕式的时间和地点时，主办单位还应该充分考虑到当天的天气状况，如果恰逢天气炎热或雨天，应提前通知嘉宾、媒体记者等作好相应准备。

3. **开幕式的程序**。展览会开幕式的基本程序有：（1）嘉宾在休息室（可临时搭建）集中；（2）礼仪小姐引领海内外嘉宾走向开幕式主席台就位；（3）主持人主持开幕式并介绍到会的各位嘉宾；（4）有关领导或嘉宾代表讲话；（5）剪彩或开幕式表演活动；（6）某位领导或重要嘉宾宣布展览会正式开幕；（7）主持人宣布展览会开幕式结束；（8）由工作人员带领，主办单位负责人陪同嘉宾们进展场参观。

小贴士：
展览会开幕式创意设计的常用渠道：(1) 发挥名人效应；(2) 制造新闻事件；(3) 策划表演活动等。

有时候，展览会主办单位还会在开幕当天举行欢迎晚宴或酒会，以答谢主要参展商和相关人士。

4. **出席的主要嘉宾**。一般情况下，展览会主办方会邀请行业主管部门的领导、行业协会的主管人员、外国驻华机构代表、专家及其他相关人士作为嘉宾出席开幕式。为此，主办单位首先应根据办展需要和开幕式安排，仔细遴选嘉宾名单；对于所有应邀嘉宾，应提前沟通并确认。此外，还要事先安排好接待、翻译、礼仪人员以及嘉宾在开幕式主席台上的位置等事宜。

5. **创新**。展览会尤其是品牌展览会的开幕式应该不断创新，否则很容易给人一种走过场的感觉。而且，开幕式创新的渠道很多，即可以是形式上的，也可以是内容上的，甚至是文化上的。例如，在第六届中国住交会（CIHAF）上，主办单位邀请了二百多位民工作为开幕式嘉宾，增添了展览会的人文色彩，并受到了媒体的广泛关注和好评。

小案例！

中国南方首届农机机电产品展览会暨2004年湖南秋季农机机电产品订货交易会（中国农业机械流通协会、湖南省农业机械化管理局和衡阳市人民政府联合举办）开幕式程序：

地点：中湘五金机电市场主会场

时间：2004年10月11日10点28分

主持：蒋副市长

1. 宣布庆典开始（奏国歌、鸣礼炮）。
2. 介绍出席庆典的贵宾。
3. 宣读上级贺电、贺信。
4. 衡阳市人民政府领导致欢迎词（贺市长）。
5. 中湘五金机电大市场杨光元董事长介绍市场情况。
6. 参展商代表发言（拖拉机厂代表）。
7. 湖南省农业机械供销行业协会领导讲话。
8. 湖南省农业机械管理局领导讲话。
9. 中国农业机械流通协会领导讲话。
10. 衡阳市委领导宣布“两会”开幕（徐书记）。
11. 空中跳伞。
12. 舞龙舞狮队把领导和嘉宾从主席台引到大市场大门口。
13. 中央、省、市领导为市场开业剪彩（放鞭炮）。
14. 领导视察展览会。

（资料来源：中国衡阳新闻网）

想一想：

在这一场开幕式活动中有哪些步骤，策划了哪些内容来吸引观众的注意？

二、专题会议策划

（一）主题会议的种类

展览业发展到今天，已离不开相关主题会议的支撑。由于组织会议的目的和参加会议的人员不同，在展会期间举办的会议可以分为很多种类，如以学术交流为主要目的的专业研讨会，以技术交流和技术合作为主要目的的技术交流会，以发布新产品为主要目的的产品发布会，以推介新产品为主要目的的产品推介会等。

（二）会议策划的流程

无论是产业高峰论坛，还是专业研讨会或技术交流会等，都有一些共同点，如主导功能相通、筹备过程相似、组织形式灵活等。这里仅从筹备过程的角度阐述会议策划的流程，如图 8－1 所示。

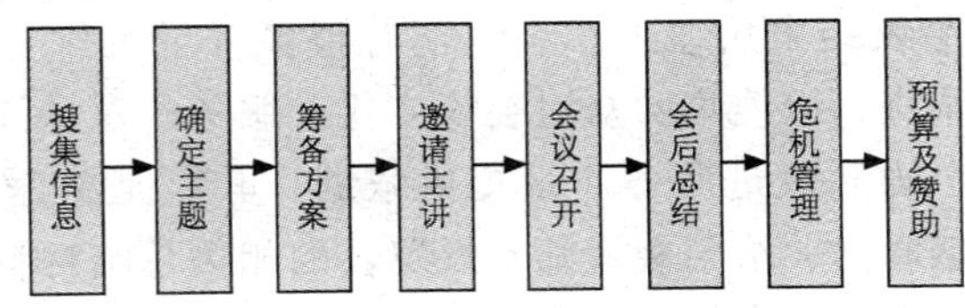

图 8－1　会议策划的流程

1. 搜集信息。为了使会议的内容有的放矢，在准备举办会议之前，会展企业要多方搜集市场信息，对该行业作深入的研究，努力抓住行业热点问题，为确定会议主题及方案提供翔实的资料。调查工具主要有直接邮寄、室内研究、E－mail 和互联网（展览会的主题网站）等。

2. 确定主题。会议主题一定要紧紧把握时代脉搏，能切实反映该行业某一领域发展动态。会议主题是会议的灵魂，一个好的主题能对会议潜在的听众产生强大的号召力；相反，如果会议主题不能被会议潜在的听众所接受，会议将会名存实亡。

对于展览会而言，鲜明的会议主题必须符合以下标准：(1) 与展览会主题相呼应，并能面向目标听众（主要指参展商和专业观众），有针对性；(2) 行业发展的现状与趋势，有前瞻性；(3) 能抓住行业发展的热点和难点问题，有现实性；(4) 对与会者是难得的教育和培训机会，有实用性。

3. 筹备方案。会议方案是有关会议召开的具体实施计划，其主要内容包括：会议的基本情况，如名称、时间、地点和规模等；会议的议程和举办形式；会议的目标听众；演讲嘉宾的遴选和邀请；会议相关资料的准备；会议招徕；会议接待安排；会议召开；现场调查、茶歇等活动安排；会议总结；会议赞助；会议预算。会展企业要组织一个高水平的会议，会议实施计划一定要作到详尽周密、高效协作。

4. 邀请主讲。会议主讲嘉宾对于会议的作用是非常重要的。因此，会展企业必须花费一定的精力来邀请自己所期望的主讲嘉宾到会。一般而言，对国外的主讲嘉宾，要提前半年预约，并协助其做好签证、机票（有时可由主办单位购买后邮寄给演讲人）等相关准备；对国内主讲嘉宾，则至少要提前两个月发出邀请，以便其早作准备。另外，要妥善安排主讲嘉宾的吃、住、行，对于一些重要的主讲嘉宾，要安排专人陪同。如果演讲者或听众中有不同语言者，还要配备翻译人员，如有可能，可以事先让翻译人员了解一些演讲的内容，以便其在现场更好地翻译。

5. 会议召开。当会议召开日期临近时，会展企业要妥善安排和布置会场，以迎接会议的召开。会展企业要落实会议召开的场地以及场地中电源、音响、投影仪、录音录像等相关设备，并备有后备的电源、音响等；要安排好会议现场的工作人员和技术设备维护人员，落实服务人员以及茶水的供应；保障会议现场的光电、温度和通风处于正常状态；制定会场纪律；组织专业人员对会议现场进行安全检查，疏通通道，开启安全门。以上各项准备工作就绪以后，就可以按照会议议程举行会议了。

6. 会后总结。会议结束后，工作小组还有很多善后工作要完成。首先是进行现场或会后跟踪调查，以搜集听众对会议安排及服务的意见和建议，从而为增强下一届会议的吸引力和改进服务质量提供依据；其次是感谢演讲嘉宾和与会者，如给演讲人发感谢信、给与会者邮寄展览会的相关总结材料等；另外，工作小组自身也要进行全面、认真的总结和评估，以期让下一届会议办得更好。

7. 会议危机管理方案。会议策划应有危机管理方案，以便万一出现突发危机事件时有应对办法。会议危机管理方案包括两部分的内容：一是针对突发事件的管理方案；二是会议备用方案，即针对一旦原会议策划方案因故不能全部或部分实施而制定的替代方案。

8. 会议预算与赞助办法。召开会议需要邀请一些国内外著名的专家、学者、企业领导人或者是行业主管部门的官员到会演讲，还要租用会议场地，进行适当的会议现场布置，这些都需要一定的费用。对于会议所需要的各项费用，会展企业要事先做好预算，对各项费用的开支要心里有底，并安排必要的资金，以使会议成功召开。会展企业可以采用三种方式来筹集所需资金：一是可以从展会收入中拨出一部分作为会议筹备资金，作到“以展养会，以会促展”；二是可以向与会人员收取一定的会务费用；三是可以寻求企业赞助。由于与会人员都是一些行内人士，如果会议举办出色，影响较大，很多企业是愿意赞助会议的。企业对会议的赞助可以有多种形式，如转让会议的冠名权、允许企业在会议的某些特定地方做广告、允许赞助企业在会议期间作简短发言以介绍自己的企业、让企业赞助会议现场使用设备等。

小案例！

2005 上海国际汽车工业展览会论坛议程

2005 年 4 月 22—28 日，2005 上海国际汽车工业展览会在上海新国际博览中心隆重举行。经组委会认可，国内著名专业财经传媒——《第一财经》联合中国汽车工程学会于 4 月 22 日在上海国际新闻中心共同主办“全球视野下的中国汽车市场”论坛，作为本届上海国际车展活动的组成部分。本次论坛围绕“中国汽车市场的政策环境与营销环境策略”、“汽车信贷风险与汽车行业发展‘瓶颈’”、“中国汽车品牌战略”等话题展开了深入探讨，是本次车展上规模最大、规格最高的论坛。表 8－1 是该论坛在筹备初期的议程安排。

表 8－1　“全球视野下的中国汽车市场”论坛议程

13：00—13：30	来宾签到 上海国际新闻中心
13：30—13：40	《第一财经》领导致辞

续表

13：45—13：55	致欢迎辞 张小虞　中国汽车工程学会理事长
嘉宾演讲一	
14：00—14：30	主题：中国汽车市场的政策环境与营销环境策略的关系 安庆衡　北京汽车控股有限公司董事长
嘉宾演讲二	
14：35—15：00	主题：广州汽车工业重新崛起的市场战略 张房有　广州汽车集团有限公司董事长
圆桌会议一	
15：05—15：25	主持：张小虞　中国汽车工程学会理事长 主题：如何打破现在市场销售的疲软状态 嘉宾（暂定） 魏智博　大众汽车集团副总裁、大众汽车中国业务总负责 王荣祥　PAG中国区总裁兼Volvo汽车公司中国区总裁
16：00—16：20	茶歇
嘉宾演讲三	
16：20—16：45	主题：汽车信贷风险与汽车行业发展“瓶颈” 任兴洲　国务院发展研究中心市场经济研究所所长
嘉宾演讲四	
16：50—17：10	主题：丰田汽车的中国市场战略 服部悦雄　丰田中国事务所总代表
嘉宾演讲五	
17：15—17：35	主题：汽车零部件企业如何应对整车市场疲软和原材料涨价 陈锦亚　德尔福动力系统全球副总裁兼亚太区总裁
圆桌会议二	
17：40—18：10	主持：朱伟　罗兰·贝格国际管理咨询（上海）有限公司 主题：如何打破现在市场销售的疲软状态 嘉宾（暂定） 徐锦泉　嘉之道汽车咨询（上海）有限公司总经理
18：30—19：30	晚宴（后参加头脑风暴节目录制）

注：考虑到嘉宾会临时有事，故嘉宾可能会有所变动，但会议主题不变。

资料来源：王春雷、陈震：《展览会策划与管理》，中国旅游出版社2006年版，第201页。

三、表演、评奖活动策划

在展会期间，为了活跃现场气氛、更好地吸引企业参展和观众参观，办展机构往往会结合展会的需要，举办一些与展会有一定关联的表演、评奖活动。如果这些活动策划得好，可以提高展会的效果。

（一）表演

表演是一项观赏性比较强的公众性活动，它吸引的观众一般较多，现场气氛也比较热烈。表演可以是参展企业自己组织的为提高其展出效果的表演，也可以是由办展机构组织的为整个展会和所有参展商及观众服务的表演，还有一些是行业协会和当地政府组织的表演。

相关链接： 美国 *Trade Show Week* 杂志在 2004 年底的一项调查结果显示，75% 的参展商首先选择用演出（包括演示）来宣传自身的产品和服务。

从参展商的角度来说，最具实质意义的表演是现场演示。现场演示的好处是可以帮助你成为会场谈论的话题。但是，在进行该项活动策划时必须注意以下方面：

1. 时间安排。所有的演示都必须珍惜参观者的时间，紧紧抓住两个或三个要点。有专家推荐每场演示花大约 7 分钟的时间为宜，然后不断重复（大约每小时 4 次）。为了避免中间空闲时段现场过于冷清，可在大屏幕上不停地放映一些围绕主题的相关活动内容，以吸引注意力。

2. 名人效应。在表演和演示的活动策划中，还可以请一位名人或是体育明星到现场与观众互动、签名或与参观者合影。请名人会引来很多根本就不会成为你客户的人，但也要注意一些相关的细节问题，如出场费、冠名、宣传材料上照片的使用等。对于由名人所吸引来的观众，也要充分考虑到如何安排、筛选，做好文章。

（二）评奖活动

为了吸引参观者的“眼球”，展会期间常常举办各种各样的评奖活动。展会期间的评奖活动有很多种，其中，关于展会参展展品的比赛最为常见，例如，现在很多企业在宣传自己产品时，往往会提到曾获“某某博览会金奖”等。如前所述，组织策划评奖活动要注意以下几个要点：（1）确保权威、公正；（2）合理控制时间；（3）提升展览价值；（4）制造新闻事件。

经典案例

第五十六届德国国际玩具博览会（Spielwarenmesse International Toy Fair Nurnberg）于 2005 年 2 月 10 日在纽伦堡国际展览中心举办，潮流与创新是本届玩具博览会的亮点。该博览会从 2004 年起开始设立创新奖，并在业内受到了广泛关注和认可。评选新产品这项活动非常符合专业买家和消费者对新产品信息的需求兴趣，并为参展厂商赢得市场地位提供了理想的平台。

2005 年，博览会在来自世界各地的参展商中评选出了一批创新奖，并给优胜者授予“2005 年玩具创新奖”奖章，以期通过嘉奖新颖时尚、品质优良的产品，来提高玩具在贸易及消费者心目中的地位。创新奖由专业的评审委员会评出，该委员会是由玩具和专业贸易联合会的市场研究专家、欧洲贸易链条中的购买者所组成。评奖活动给参展商、贸易观众、展览会主办单位以及一般消费者都带来了意想不到的收获。

四、其他相关活动

展会期间，还要举行一些如会展旅游、明星与大众见面活动以及群众参与的各种活动。会展旅游将专节介绍，在此不赘述。下面简单列举几种常用的活动方式：

1. 比赛。在2004年上海国际汽车用品及一站式服务展览会上，组委会策划了汽车音响大赛、现场改装大赛、知名赛车游戏比赛等一系列竞赛活动，吸引了众多的国内外厂商、专业媒体和观众的关注，并成为本届展览会的突出亮点。

2. 文化。从1998年开始，北京国际汽车工业展览会逐步突出车展的社会文化内涵，取得了显著的效果。从第六届开始，组委会相继举行了三届摄影大赛，得到了新闻界及摄影爱好者的热烈欢迎。2004年，车展又开展了一系列的活动，包括举行“汽车模特大赛”、车展风云榜评选活动；完善北京国际汽车环保园的建设；增设“展中展”展区——展出了全国少年儿童汽车绘画大赛、历届“摄影大赛”以及全国大学生汽车设计大赛的获奖作品；推出了展览会吉祥物；举办“汽车展笔会”；印刷纪念邮品；举办专场演出等。以上活动和安排促使北京汽车展的社会文化内涵得到充分挖掘，外延得以扩大。

3. 媒体服务。在第二届中国（广州）国际汽车展览会上，主办单位把新闻中心设在珠江散步道的醒目位置，扩大了新闻中心的面积，并将新闻中心划分为五大区域，即资料发放区、记者工作区、记者休息区、嘉宾采访区和新闻发布区。其中，记者工作区免费提供电脑和宽带上网服务，还免费提供茶水以及寄发资料等。通过不懈努力，主办方为来自全国各地的媒体记者提供了更加完善、周到的服务，让他们真正有了宾至如归的感觉。

想一想：

你还能创意出哪些可以在展会期间举办的有效活动？

综合案例分析

炮制新闻热点 助推展会宣传

一番喧闹之后，音乐声缓缓响起，绚丽的舞台在光与影的交错中光色迷离。聚光灯下，随着湖南电视台汤梦达和时尚歌星黄征的闪亮登场，四十多家媒体的“长枪短炮”频频发出闪光和快门声，奏响了“VISCAP07/08秋冬新品时尚发布会”的进行曲。舞台上，一向钟情于意式牛仔的黄征签约加盟VISCAP服饰公司，成为其品牌形象的推广特使，拉开了VISCAP品牌推广战略的序幕。

这是北京维斯凯服饰有限公司举办的专场展示会，是VISCAP在连续四届参加2007年3月北京中国国际服装服饰博览会（CHIC）后深层次的延续。不同的是，他们把活动从北京中国国际展览中心移到了位于北京商业繁华地段的王府半岛酒店。通过精心策划，此次专场展示会达到了预期的效果。由于活动重点锁定时尚明星黄征与时尚服装的结合，满足了娱乐消费媒体对时尚资讯报道的需求。原定邀请15家媒体报道展示会，实际却来了四十多家，如果不是场地受限制，至少还能满足二十多家媒体的申请。

据介绍，VISCAP此次专场展示会之所以引起媒体的关注，主要源于时尚明星黄征以七位数的身价签约该服饰公司。按照约定，黄征将参加VISCAP全国各地的重大品牌推广活动，包括拍摄广告以及参加VISCAP零售店和经销商举办的零售促销等。这一亮点成为此次媒体报道最具价值的新闻素材。

作为一个真正有品牌推广实力和战略意识的企业，除了产品质量和服务过硬外，在展示活动中，有意识地重点结合媒体报道需求进行活动策划，挖掘新闻亮点，为媒体提供鲜活的报道素材，是每一个企业面临的新课题。只有这样，企业才能在展览会上赢得更大的成功。

本单元知识结构图

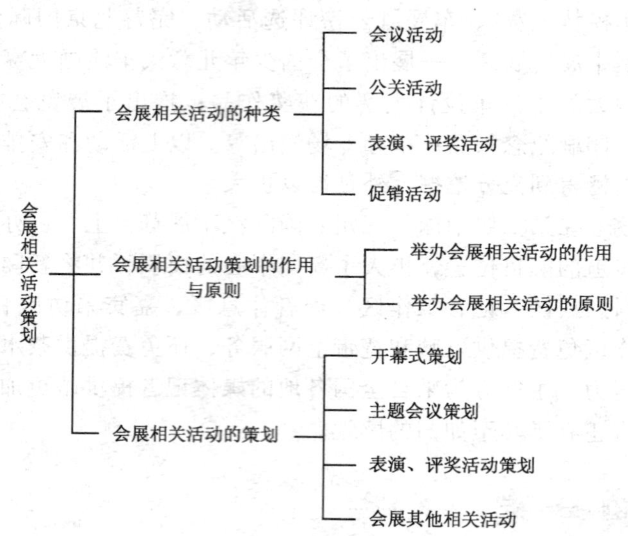

关键词

会展相关活动　公关活动　促销活动

练习与实训

一、填空题

1. 展览会的相关活动类型多样，大体上可以分为________、________、________、________等。

2. 从本质上来说，会展是为________而进行的传播活动。会展的最大特点在于信息的“________”。

3. 评奖活动一般由________组织，________参加，评奖团多由________组成，评奖结果对外公布，而得奖的参展企业也可以借机进行宣传。

4. 有一定数量与质量的________是展会赖以存在的基础，而有一定数量与质量的________则是展会赖以发展的根本。

5. 会议危机管理方案包括两部分的内容：一是针对________方案；二是会议________方案。

二、单项选择题

1. 下列会展相关活动中，(　　)不属于公关活动。

A. 产品演示　　B. 新闻发布会

C. 开幕式　　D. 签约仪式

2. (　　)是指会展企业为了扩大展览会的影响、吸引更多的参展商及观众，而针对目标观众、媒体等受众进行的沟通活动。

A. 会议活动　　B. 公关活动

C. 促销活动　　D. 评奖、表演活动

3. 有专家推荐展览会中的每场演示以大约(　　)分钟的时间为宜，然后不断重复（大约每小时 4 次）。

A. 5　　B. 6

C. 7　　D. 8

4. 从参展商的角度来说，最具实质意义的表演是(　　)。

A. 演唱会　　B. 展示现场演示

C. 绝技表演　　D. 模仿秀

5. 展会期间常常举办各种各样的评奖活动，其中，关于展会(　　)的评比最为常见。

A. 现场表现　　B. 展台设计

C. 独立活动　　D. 参展展品

三、多项选择题

1. 由于组织会议的目的和参加会议的人员不同，在展会期间举办的会议可分为(　　)等。

A. 专业研讨会　　B. 技术交流会

C. 产品发布会　　D. 产品推介会

2. 对于展览会而言，鲜明的会议主题必须符合(　　)标准。

A. 针对性　　B. 前瞻性

C. 现实性　　D. 实用性

3. 展会的主要功能有(　　)。

A. 贸易　　B. 展示

C. 信息　　　　　　　　　　D. 发布

4. 一般而言，邀请会议主讲嘉宾时，对国外的主讲嘉宾，要提前(　　)预约；对国内主讲嘉宾，至少要提前(　　)发出邀请，以便其早作准备。

A. 一年　　　　　　　　　　B. 半年

C. 2 个月　　　　　　　　　D. 1 个月

5. 表演因其能有效地吸引观众、活跃气氛，在展览会中经常采用。它一般可由(　　)来组织。

A. 办展机构　　　　　　　　B. 参展企业

C. 行业协会　　　　　　　　D. 当地政府

四、判断题

1. 举办展会的相关活动一定要与展会的主题相得益彰。　(　　)

2. 会议内容可以是介绍产品的性能、用途、使用方法，也可以探讨生产、供应、销售等各个环节。　(　　)

3. 大部分展览会都将开幕式的时间定在早上 11 点左右，地点则一般选择在场馆前的广场上举行。　(　　)

4. 一般来说，揭晓评奖结果安排在展览会结束的前一天比较好。　(　　)

5. 为保证展览会评奖的可信度，展览会的主办单位首先必须确保评奖活动的趣味性，以激发参展商的兴趣，取得他们的信任。　(　　)

五、简答题

1. 简述举办会展相关活动的作用。

2. 简述举办会展相关活动的原则。

3. 进行开幕式策划时，要做好哪些工作？

4. 简述会议策划的流程。

六、实训题

实训项目名称：本校第 × 届技能节开幕式策划。

实训目的：

1. 描述本届技能节开幕式主题；

2. 掌握开幕式程序；

3. 创新开幕式活动。

实训内容：学生模拟技能节组委会策划开幕式。

实训准备：

1. 人员准备：每组 4～5 人，由策划组长全面负责本组工作。

2. 资料准备：学校历届技能节有关主题及资料。

3. 实训地点：实训室或教室。

实训步骤：

1. 学生在教师指导下分组，并选择组长一名，评审员一名。

2. 分组讨论确立本届技能节开幕式主题，将讨论结果记录下来。

3. 列示开幕式策划步骤。

4. 创新开幕式活动。

5. 策划开幕式程序。

6. 评审组对每组方案进行当众点评。

实训总结：实训成果汇总展示：

1. 各组开幕式主题展示；

2. 用 PPT 展示并演讲本组策划的开幕式程序。

实训评估：

1. 纪律得分：

2. 记录得分：

3. 资料得分：

总分合计：

第九单元 DIJIUDANYUAN

企业参展策划

学习目标

- □ 知道企业参展的目标
- □ 掌握企业考察展览会的方式和因素
- □ 懂得企业参展的步骤
- □ 了解国内参展和出国参展应注意的问题

案例导读

走出去

上海荣利纺织品有限公司创办于1998年，是一家集面料经营与服装生产为一体的工贸结合的民营企业。2002年，公司出资六百多万元引进了六台意大利圣东尼公司推出的技术先进的无缝针织设备，该设备生产的无缝针织内衣及套装因有美体效果，深受欧美人士青睐。但是，公司苦于没有信息，开拓国际市场受阻，上海市贸促会及时向他们推荐了美国拉斯维加斯服装展、法国巴黎面料展等国际知名展览会。2003年9月，该公司首度在美国拉斯维加斯服装展"亮相"。由于技术先进，设计时尚，产品很快进入了美国市场，使产品附加值提升80%以上。现在该公司产品70%以上外销，在纺织品取消配额后，公司就致力于开拓欧美市场，外销业务不断扩大，建立了三个由荣利公司控股的生产基地，年出口额在1000万美元以上。他们的参展体会是：确定好目标市场后，首先要做足功课，产品、技术要新，而且要注重参展策划。基于这一参展理念，现在荣利公司产品在美国市场相对来说比较稳定，在市场开发方面也有了一定成效。现在与他们合作的大采购商有沃尔玛，他们的年采购额达四百多万美元，还有Jcp，Target，Madenform，Mather Work，Playboy等公司。

想一想：

1. 荣利公司凭借什么走出国门？
2. 参展给荣利公司带来了什么？

模块一 企业参展目标的确定

企业参展的根本目的就是为了销售，而其参展的目标则可能有多种。

一、企业参展的目标分析

参展目标是参展工作的基石和方向。企业决定参展之后，必须根据企业和产品的具体情况设定参展目标。明确的参展目标是参展成功与否的关键，后续的工作都是围绕着参展目标展开的。企业参展目标通常包括以下几个方面：

1. **维护或树立参展企业的形象。**企业形象对企业有着重要的意义和作用。参展对于企业树立形象来说，既省时又省力。对于新企业，参展可以帮助企业在短时间内建立客户关系而迅速进入市场，被同行业所接受，参展目标是树立企业形象。对老企业，则更应注重固定参加一些有影响、有规模的专业展，以便定时与客户交流，参展目标是维护或提升企业形象。

2. **市场调研。**好的展览会是企业进行市场调研的好机会。一方面，好的展览会能汇集市场上几乎全部的主要买主和卖主，能充分、全面地反映销售渠道状况、市场供求水平、客户情况，甚至行业发展趋势等。另一方面，在展览会上，参展企业能够免费、合法地搜集到几乎所有主要竞争对手的情报，包括技术、生产、营销等情况。因此，参展企业应当始终将市场调研作为一个重要的参展目标。

需要指出的是，规模小、档次低的展览会不适宜当做市场调研的场所或机会。

3. **建立新客户关系，巩固老客户关系。**对于新进入市场或者想扩大市场的参展企业，参展目标当然是建立新客户关系。在展览会上有很多目标观众，他们就是潜在客户。参展企业应当主动地接待目标观众，在介绍公司和产品的同时，与之建立联系，并争取发展成为真正的客户。

对于已进入市场的参展企业，巩固老客户关系也是很重要的。一方面，要与老客户继续做生意；另一方面，要防止竞争对手抢走客户。参加展览会是保持老客户关系的一种效率高、效果好的方式。借参展的机会，参展企业就可以邀请老客户到展台参观，见面交谈，让老客户看看新产品，听听老客户的要求和意见，并借此机会做生意。

> **小贴士：**
> 营销统计数据告诉我们，维护一个老客户的成本是开发一个新客户费用的13%，老客户是公司富贵的财富。

4. **宣传产品和服务。**展览会是一种立体的广告，为参展商提供了一个充分展示自己产品的机会，使客户增进对产品和服务的了解。展览会在宣传产品方面有着独特的优势。首先，可以展示实物，观众可以使用全部感官来感觉任何产品；其次，可以展示几乎所有产品；最后，可以进行双向交流，即介绍展品、解答问题，并可以进行深层次的交流。

5. **销售与成交。**成交是企业经营活动至关重要的一环。参展企业也就是在展台里推销自己产品，成交自然是最重要的目标。展览的时间虽然短，为便于客户直接与商家交流，大多数参展者都希望在展览会上达成一些协议或意向，并以此为他们在展览会的最大收获。

每次参加展览会，企业可能会同时抱有几种目标。但在参展之前，务必确定主要目标，以便有针对性地制定具体的工作方案，确定工作重点。

阅读材料

企业参展目标调查

德国著名研究机构IFO曾经对世界跨国展览集团之一——德国慕尼黑展览公司举办的世界最大规模的机械工程设备类展览会（BAUMA）进行过“企业参展目标”的专门调查。其结果表明，在参展目标中，其各个目标所占比例如下：

· 提高企业知名度，占85%；
· 密切老客户和结识新客户，均占70%；
· 通过展览会宣传产品，提高市场占有率，占63%；
· 推介新产品，占60%；
· 提升产品知名度，占58%；
· 交流信息，占50%；
· 发现客户需求，占50%；
· 影响客户决策，占33%；
· 签署销售合同，仅占29%。

二、企业参展的误区

在展览选择中，要注意避免一些错误的观念选择和方法。不考虑自身的需要，不考虑市场条件，不对展览会做调研工作，仅出于某一孤立的原因或出于某一单方面的考虑而作出的参展选择往往是错误的。下面举例说明：

1. 因为邀请而选择展览会。企业不考虑自身的营销需要和市场潜力就接受邀请决定参展是不明智的。一般低层次的邀请（包括展览会组织者的邀请）不必考虑，高层次的邀请也只能作为考虑因素之一。

2. 因为费用低而选择展览会。企业参展费用高低很重要，但是更重要的是成本—效益比。因此，要综合地考虑费用。市场是否有潜力，展览会是否适合展出者需要，展出效果是否好，应该作为选择展览会最重要的考虑因素，费用应该放在其次。

3. 因为评价好而选择展览会。社会名流、政府部门、商会协会、新闻媒体等可能会对某一展览会给予相当高的评价，而据此作出选择可能并不恰当，这类评价只能作为参展选择的参考依据，而不能作为主要依据。

4. 因为竞争对手参展而参展。这是一个相当普遍的现象，尤其是大公司。好的展览会是重要的贸易场所，在此场合亮相，对扩大或保持展出者的市场影响力有着积极的意义。但是，竞争对手参加某个展览会自有他的战略和战术考虑。各人的参展原因不一定一样，他人的参展行为不应该作为自己的参展理由。

模块二　企业考察展览会的方式和内容

企业决策者在收到二十多份相关展览会的邀请后，会在选择时产生许多困惑。对于目前展览市场鱼龙混杂的局面，决策者必须慎重考察展览会，考虑展览会的地域、时间、市场覆盖以及顾客取向等多方面因素。参展企业要选择合适的展览会，取得好的参展效果，的确要作一番细致的评估与筛选。

一、企业考察展览会的方式

1. **二手资料调查**。所谓二手资料，是指相对于原始资料而言的有关展览会现成的宣传推广资料。为了节约时间、人力和资金，企业经常使用二手资料来了解和研究某个展览会，从中获得大量的初步信息。

对于参展企业而言，二手资料可以来自于会展公司的展会介绍等，也可以通过政府统计部门、行业协会、互联网、专业调查公司、科研机构和文献报刊杂志等获取展览会的相关资料。

此外，在国内会展业处于发展初期时，同行的推介不失为选择展会最有效的方法之一。还可以向当地商会询问你想参观或参加的展览会。从他们提供的有价值的资料中，进行大量而有成效的书面市场调研。将他们的评价与展览会目录及新闻资料等综合在一起，你就能作出一定的研制。

2. **实地考察**。另一个比较直接的方法就是亲临感兴趣的展会实地考察。通过对展会进行直接的观察或测量（通过自身的感觉器官，如眼看、耳闻，或借助各种仪器，如照相机、摄像机等），以获取第一手资料。参展企业可以简单地从展会的规模、专业性、观众数量和现场服务的基本水准来评价展会的质量。

3. **展会认证**。每个展览会都应是其本国展览组织者协会的成员，也应是某个出口组织及有关行业贸易协会的成员。因此，企业可以从相关展览协会成员中寻找有价值的展览会。

例如，国际展览联盟（UFI）就是一个评估展览会主办者所提供设施质量的组织。它对申请加入其协会的展览项目和其主办单位有着严格的要求及详细的审查程序。由于有了这套较为成熟的资质评估制度，UFI 资格认可和 UFI 使用标记就成为名牌展览会的重要标志。只要是国际展览联盟成员举办的展会，就意味着是一场既有着高标准又具有国际影响力的展会。它可以增强参展商的信心，即我们可以得到所要求的设施，同时也意味着该展览会值得花费时间和资金去参加。

相关链接

UFI是国际展览联盟（Union of International Fairs）的简称，是迄今为止世界展览业最权威的国际性组织。截至2004年底，UFI所拥有的256个正式会员来自世界72个国家的155个城市，获得UFI认可的国际性展览会或贸易博览会共有629个，中国占有37席(内地19个,香港15个,台北6个)。此外,UFI还拥有40个协作会员,以各国的全国性会展行业协会为主。如德国展览与博览会协会(AUMA)和德国展览会统计资料自愿审核协会(FKM)、美国国际展览管理协会(IAEM)、中国的展览馆协会和深圳市会议展览业协会等。

截至2004年底，我国内地已获UFI认证的国际品牌展览会数目为19个，其基本情况如表9－1所示。

表9－1　　中国大陆已获UFI认证的国际展览会

展览会名称	在同类展览会中的地位	加入UFI时间	举办城市
中国国际印刷技术展（China Prnt）	世界六大印刷展之一	1988年	北京
中国国际机床展（CIMT）	世界四大机床展之一	1993年	北京
多国仪器仪表展（Miconex）		1994年	北京
中国国际冶金展（Metal & Metallurgy China）	亚洲第一，世界第三	1995年	北京
中国制冷展（China Refrigeration）	亚洲第一，世界第三	2000年	北京
国际工程机械展（BICES）	全国第一	2000年	北京
中国国际纺机展（CITME）	全国第一	2002年	北京
中国国际服装服饰博览会（CHIC）	全国第一	2004年	北京
国际医疗仪器设备展（China Med）		2004年	北京
中国国际模具和设备展览会（Die & Mouid China）	亚洲第一	1996年	上海
国际林业展（Woodmac China）			上海
国际包装展（Propak China）			上海
国际家具展（Furmitek China）			上海
国际食品展（FHC Food & Hospitanty）			上海
国际酒店展（Hotel China）			上海
上海汽车展（Auto Shanghai）		2004年	上海
深圳国际机械模具展（SIMM）		2002年	深圳
深圳钟表展（CWJF）		2004年	深圳
大连国际服装博览会（DIGF）		2002年	大连

资料来源：丁萍萍："UFI：我国品牌展览会通向世界的桥梁"，中国会展网。

二、企业参展选择的因素

每年世界各地不同题材的主题展会很多，其内容、规模、功能都有所差异。

到底选择参加哪些展会，则要结合参展目标，根据公司的市场策略，具体分析，认真选择。每个展会的参展效果如何，常常取决于参展企业的目标、策略及展品是否与该展会定位相符。影响企业选择展览会的因素主要有：

（一）展览的种类

展览往往分为国际展和国内展。一方面，有的展览范围极广，如博览会，而有的专业展展品只限于该行业；另一方面，有的展览注重的是产品的展示，有的则侧重于贸易交流。参展企业必须先对展览的种类有所了解，再进行重点考虑。

（二）展览的性质

展览的性质是影响展览选择的重要因素之一。每个展览会都有不同的性质，根据参展企业划分，展览可分为综合展、贸易展、消费展。贸易性质的展览会是为产业即制造业、商业等行业举办的展览，其主要目的是交流信息、洽谈贸易；消费性质的展览是为公众举办的展览，基本上都展出消费品，目的是直接销售；以上二者兼而有之的即为综合展。在发达国家，不同性质的展览会界限分明。但是在发展中国家，由于受到经济环境和展览业水平的限制，往往难有准确的划分。参展商应结合自身需要，认识各种展览会的特征。不同性质展览会的特征如表 9－2 所示。

表 9－2　不同性质展览会的特征

种　类	参展企业	观　众	内　容	目　的	入场方式
贸　易	制造商 贸易商	制造商 贸易商	工业品 消费品	贸易	登记入场
消　费	零售商为主	公众	消费品	零售	购票入场
综　合	制造商 贸易商 零售商	商人 公众	工业品 消费品	贸易 零售	购票入场

参展企业必须对展览会的性质作出正确的判断和选择。如果参展企业的目标是接触客户、推销新产品、签约成交，那么就应当选择贸易性质的展览会，而不能选择消费性质的展览会。如果参展企业所经营的是消费品，营销目的是零售、了解最终用户的要求、在最终用户中树立公司形象、扩大产品影响等，那么就应当选择消费性的展览会。

（三）展览的组织者

组织者的历史、公司规模、能力、信誉都是判断展览会好坏的依据。首先，参展企业可以通过分析展览组织者的工作质量来判断展览会的质量。展览工作的质量可以从多方面了解：了解组织者宣传工作的广度和深度；了解组织者所安排的服务是否周全，包括设计、施工、装潢、运输、搬运、储存、银行、保险、邮政、电信、会议、餐饮、旅游、人员等，来考察展览组织者工作质量的好坏。

其次，展览会的支持单位也能反映出展览会的质量。如果支持单位众多，包括赞助单位、协助单位、支援单位、协办单位、主办单位等，并有政府部门、商会、工业协会等出面支持，其展览会的可靠性要相对高一些（见表9－3）。

表9－3 第八届中国国际机电产品博览会（武汉）组织机构

主办单位	中华人民共和国商务部 中国国际贸易促进会 山西省人民政府 湖南省人民政府 湖北省人民政府
支持单位	中国机械工业联合会 中国机电产品进出口商会 中国进出口银行
承办单位	武汉市人民政府承办 （香港）讯通展览公司协办（国内） 武汉瑞吉斯展览有限公司

（四）展览的规模

规模是指参展企业或参观者所代表的区域规模，而不是展览场地规模。展览会按规模可以分为国际展、国家展和地方展。国际展一般有超过25%的国际参展企业或参观者，因而进出口贸易会占有一定比例；国家展是批发商聚集的场所；地方展一般是零售商聚集的场所。不同规模的展览有不同的特色和优势，参展企业应根据自身条件和需要来选择相应的展览会。

（五）展览会的名称、时间和地点

展览项目的选择首先是分析展览会的名称。展览会名称应该反映展览会的性质和内容。但是，由于展览会命名没有统一标准，随意性很大，因而往往会产生误导。因此，不仅要看名称，更重要的是根据参展企业、观众和其他资料来甄别、判断展览会的性质和内容。如果展览会是综合性质，展览会名称也就不太重要，但是对于专业展会，就有必要认真对待展览会的名称。

对于展览会举办时间的选择，主要考虑的是订货季节。大部分产品都有特定的订货季节，也就是订货高峰。在订货季节期间举办的展览会，成交的可能性就大些。此外，参展企业还要考虑自己的日程是否能安排得开。通常在年初或年底举办的展览会比较受欢迎，因为这个时候通常是企业制订计划的时间，企业的参展或参观都有可能对双方有所影响。

至于展览会举办地点的选择，可以有两方面的考虑：一是从贸易角度考虑，即展览地点是否是生产或流通中心。在生产或流通中心城市举办的展览会有着先天的优势，参展效益要好些；二是从差旅费角度考虑，即展览地点是否吃住便利。这牵涉到参展企业的预算和精力。

通过分析展览会的名称、时间、地点，可以了解展览会是否适合自己。通过比较，可以选择出最合适的展览会。

（六）展览的效益

展览会的质量、效益是否好，是指通过参展能否达到参展的目的。反映展览会效益的直接数据应该是展览会的成交额，但是，展览会期间的成交额也并不能反映展览会的真实效益。鉴于此，不应只看重展览会的成交额记录。相比之下，一些间接的数据反而能更准确地反映展览会的质量和效益。在展览业内，参观者是决定展览会质量的最重要因素。一般规律是越好的展览会就越能吸引更多的参观者。反过来，参观者越多，可能证明展览会的质量与效益越好。

（七）展出的方式

展出方式是选择展览会的一个重要前提。展出方式可以简单地分为集体参展和单独参展两类。集体参展是指有政府部门、贸促机构、行业协会，甚至公司组织的有两个以上参展企业的参展形式。单独展出，顾名思义，是参展企业独立完成参展的形式。

集体参展是由两个以上的参展企业集体参加一个展览会，这个集体是展览会参展企业的一部分。集体参展的形式多表现为国家馆、行业馆和集团公司馆。比如，东京国际博览会上的中国馆、中国家庭用品博览会上的家电馆、德国法兰克福国际汽车博览会上的奔驰公司馆。这对于没有展览经验、没有市场知识、实力不雄厚的中小企业来说，是一种比较好的参展方式，尤其是在开拓国际市场方面。但是，集体参展也有缺点，那就是受到展出面积、展出时间、展台设计、展出风格、人员配备等方面的限制。

提示：

不同的参展方式有着不同的优势和劣势。参展企业应根据需要和实力选择合适的展出方式，以取得最佳的展出效果。

与集体参展相对的是单独参展，即由参展企业独立完成参展工作。单独参展是最普遍的展出形式。单独参展不仅需要一定的展览知识和技术，还需要花费相当大的财力和人力。但是，单独参展自主权比较大，可以显示自己的实力，这种形式比较适合大中型企业。

（八）展览会的知名度

现代展览业发展到今天，每个行业的展览都形成了自己的“龙头老大”，成为买家不可不去的地方，如芝加哥工具展、米兰时装展、汉诺威工业博览会、广州全国出口商品交易会等。展览会的知名度越高，吸引的参展商和买家就越多，成交的可能性也越大。如果参加的是一个新展览会，则要看主办者是谁，在行业中的号召力如何。

（九）展览观众

展会成功与否的关键在某种程度上取决于展览观众的质量。展览不仅需要观众，而且要看吸引了什么样的观众。展会上可能人头攒动，展台前围得水泄不通，但多是领小礼品和宣传袋的，这些观众只是凑热闹，而不是参展企业所需要的。展会需要专业观众，他们是主办者的目标观众，是参展企业的潜在客户，只有这样的观众才能给展会带来实际价值。

模块三　企业参展的步骤

当一个企业决定参加展览并确定了展览目标及展览会后，就应该着手对参展工作进行统筹规划，明确参展工作内容，以确保参展能够顺利进行。

一、参展工作内容

参展工作基本上可以分为以下两大部分：一部分是筹备工作，包括对外申请参展、对内组织策划、展品运输、设计施工、宣传广告、行政后勤、费用预算及控制等。这一部分工作是“后台”性质的展览工作，是“搭台”活动，贯彻整个展览工作过程。另一部分是展台工作，包括接待观众、介绍公司和产品、散发资料、记录情况、洽谈贸易、签订合同以及开展后续工作等。这一部分工作是“前台”性质的展览工作，是“唱戏”，基本限于展览会展出期间。

两部分工作有着密不可分的联系，对成功展出都很重要，都需要认真策划。但是，两部分工作的性质却有所不同，筹备工作服务于展台工作，展览有关人员必须明白这种关系将有助于有目的地做好各项展览工作，提高展出效益。

二、展览工作步骤

如果想要好的参展效果，参展企业还必须遵循一些科学的步骤。以下是参展企业工作日程表，可作为参考。

1. 12个月前：(1) 从展览的规模、时间、地点、专业程度、目标市场等各方面，综合专家意见，选定全年展览计划；(2) 与展览主办单位或代理公司进行联系，取得初步资料；(3) 选定场地；(4) 了解付款形式，考虑汇率波动，制订财务计划。

2. 9个月前：(1) 设计展台；(2) 取得展览管理公司的设计批准；(3) 选择准备参展产品；(4) 与国外潜在客户及目标顾客联络；(5) 制作展览宣传册。

3. 6个月前：(1) 以广告或邮件等形式进行推广活动；(2) 确定旅行计划；(3) 支付展场及其他所需服务的预付款；(4) 复查公司的参展说明书、传单、新闻稿等，并进行必要的翻译，安排展览期间的翻译；(5) 向服务承包商及展览组织单位定购广告促销。

4. 3个月前：(1) 继续追踪产品推广活动；(2) 最后确实参展产品，并准备大量代表本公司产品品质及特色的样品，贴上标签；(3) 对展台设计作最后的确定；(4) 计划访客回应处理程序；(5) 训练参展员工；(6) 排定展览期间的约谈；(7) 安排展览现场或场外的招待会；(8) 购买外汇。

5. 4天前：(1) 将运货文件、展览说明书等额外影印本准备妥当；(2) 搭乘飞机至目的地。

6. 3天前：(1) 抵达，饭店登记；(2) 视察展览厅及场地；(3) 咨询运输商，确定所有运送物品的抵达；(4) 指示运输承包商将物品运送至会场；(5) 联络所有现场服务承包商，确定一切准备就绪；(6) 与展览组织代表联络，告知通讯方法。

7. 2天前：(1) 确定所有物品运送完成；(2) 查看所订设备及所有用品的可得性及功能；(3) 布置展位；(4) 将所有活动节目作最后的确定。

8. 1天前：(1) 将摊位架构、设备及用品作最后的检查；(2) 将促销用品发送直接分配中心；(3) 与公司参展员工、翻译等进行展览前最后的检查。

9. 展览期间：(1) 于展览第一天即将新闻稿送到会场的记者通讯厅；(2) 实地观察后，尽早预约明年场地；(3) 详细记录每个到访客户的情况及要求，不要凭事后记忆；(4) 对于没有把握的产品需求，不要当场允诺，及时回报总部作出合理答复，一旦应承，必须按质按期完成，以取得客户合作信心；(5) 每日与员工进行汇报与检查；(6) 每天将潜在商机及顾客资料送至公司，即时处理及回应。

10. 展览结束：(1) 监督摊位拆除；(2) 处理商机；(3) 寄出答谢卡。

三、企业国内参展的注意事项

1. 报展程序。参展企业选择某个展览后，首先要与主办单位取得联系，对方会传真或邮寄过来报展文件。这些文件应包括展览会介绍资料、参展申请表格、参展费用、有关服务、展馆展位图、参展人员手册等。

填好参展表格，返回给展会主办者，并得以确认。之后，还要将全部或部分展位费汇至组委会，展位才可得到最后的确定。

2. 费用预算。参展费用包括展位费、展位装饰装修费、展品运输费、交通费、食宿费、必要的设备租赁费、广告宣传费、资料印刷费、礼品制作费、会议室租赁费等。做参展经费预算时，还要加上总费用的10%，作为不可预见费用的支出。

3. 展台位置。展台的位置由主办者全盘规划，按照产品和服务的内容、行业、地区等因素安排展台的位置，或者是以展位费的多少来区分位置的好坏。主办者提供的展位图上标出了哪些位置可供选择。参展企业应根据自身的需要选择有利的、合适的展位。总之，越早将参展申请表格递交给大会主办者，越容易得到好的位置。

4. 标准展台。通常展览会的标准展台展位面积为9平方米（3米×3米）。大会主办单位负责标准展台的搭建并提供展示所需要的基本设施，包括三面展墙，二个能固定在展墙上的射灯，一张桌子，两把椅子，220V、5A三项电源插座一个，以及刻写参展公司的名称的楣板。

参展企业也可以根据本公司产品的特点、技术特点、市场定位、展览期间的活动安排，对展位进行特装修。特装修超过四个或者四个以上标准展位的面积时，企业可以只预订光地面积，自行策划和设计，作出别出心裁的独特装修。

5. 家具。大多数参展商会有这样的感受——仅有一个资料桌不够用。大会组织者、展览场馆以及展览服务公司可以提供桌、椅、柜子、沙发等家具的临时租用服务。

6. 水、电、煤气及电话。如果你在展览中有较大的用电量、使用上下水、煤气、天然气等，你一定要在参展申请表格中加以说明、特别强调。大会主办者收取一定的费用后，会安排并提供这些服务。你可以申请在展览期间租用电话线（国内长途DDD、国际长途IDD），但要提前向主办单位提出，以免除不必要的加急费用。

7. 物品保管。展览期间，大会组织者对展会提供安全保障，展览馆出入口设有保安，大件展品的出入馆都要登记。目前我国展馆尚缺少贵重物品保险柜租用存放服务，所以小件展品和贵重物品等应自己妥善保管。如果是特装修的展位，不要忽略了贮藏室的设计和搭建。贮藏室可以放置公司礼品、文件和工作人员的衣服、随身物品等。标准展位的参展工作人员则应随身携带公文箱包，用于携带和临时存放小件物品、钱财等。

8. 包装箱的存放。展览开始之前，主办者和展览馆管理者、展览运输服务公司会收走包装纸箱、包装木箱和材料，或者指定统一存放的仓库，这是展位整洁的需要，同时也是防火安全的要求。通常在展览结束后撤馆时，包装材料会退还或自行领走。

9. 展品的运输。大会主办者会在“参展手册”里提供展品运输的提货负责人的姓名和收货地址，可以按此将展品提前运往展览所在地。另一便捷的方式是委托运输代理，运输代理提供门→展位→门的服务。

10. 布展和撤展。大会组织者通常会给布展留出足够的时间，大会展览会的布展时间为 3 天以上，并且可以在正常工作时间之外加班施工。在大会最后一天，观众清场以后即可以开始撤展。

11. 清洁服务。大会免费提供参观者通道和其他公共场地的清洁卫生，但展位内的清洁通常由参展单位自行负责。

12. 工作证及入场券。参展人员报到时，大会主办者会提供参展工作证，一般一个标准展位提供 2～3 个工作证。工作证也是通行证，在整个布展、展览和撤展期间有效。

大会主办者视展位面积的多少分配给每个参展单位一定数量的展览入场券及开幕式请柬，这给参展企业提供了联系客户和关系单位的机会。企业可以列出名单，将入场券和名片一起寄给这些嘉宾，邀请他们前来参观和见面。

13. 会刊。每个展览会都会出版一期展览会会刊或参展商名录，可免费列入每个参展单位的名称、地址、电话、联系人及产品介绍，这是展览会的重要一环，不可忽视。如果有足够的展览和宣传经费，在会刊上刊登广告，其效果会更好。

14. 场地广告。除会刊宣传外，大会主办者和展览馆还提供室内室外的场地广告，包括条幅、横幅、旗帜、气球等。对展览馆场地熟悉、有经验的参展企业和展览策划者会最早占领有利的位置。

15. 技术讲座。展览会还同期举办技术讲座和研讨会，除大会特别邀请的专题报告讲座外，参展商也可以要求在期间举办一场或者多场讲座，这是向各界来访者推荐新产品和新服务的一种很好的形式。这些有备而来的参加者基本上是专业听众，这是企业发展用户的良好机会。通常，在缴纳规定的费用后，大会主办者提供会议室和基本的会议设备，特殊的会议设备可以预先或临时租用。

16. 举办活动及租用会议设备。为了吸引观众，参展商可以在展位内举办小型活动，如小型产品讲座、技术讲座、有奖活动、发送小纪念品，甚至新颖的文艺演出。总之，应在有限的时间、场地和经费预算内达到最好的宣传效果。这些活动所需要的设备，包括上述会议、技术讲座所需要的设备，如大屏幕电视、电视墙、音响、舞台灯光、电视、录像机、VCD、DVD等，企业可以提前自己准备或向展会场馆租用。

17. 参展人员的选用。选用了合适的参展人员，可以得到更佳的参展效果、更好的销售业绩。参展人员应具备以下基本条件：对公司的产品和技术有较深的专业知识；自信、适应能力强；性格外向，易于与各种人交谈；有参展经验；身体健康，乐于出差。

除日用消费品、食品的展销活动，娱乐性展示活动和产品促销活动的需要外，展览会期间应穿着正式服装。

18. 食宿。如果对展览所在的城市不熟悉，可以住宿在大会推荐的招待所、宾馆和饭店。大会组织者推荐的住所通常距离展馆较近，来往展馆交通方便，并且价格适中。大会通常安排展览期间的午餐供应。

19. 展览资料的准备。参加展览会之前要准备足够的宣传资料，包括名片、产品介绍、公司介绍、产品价格清单。

20. 会后的联系。展会期间，参观者只是对企业有个粗浅的认识，真正的生意往往来自于会后。作为参展商应作好展会期间的用户访谈记录、会后资料的整理、用户跟踪联系。

四、企业出国参展注意事项

企业出国参展与国内参展的原理基本相同，主要工作步骤也大同小异，但出国参展的各项工作更加复杂，要求也更高。因此，参展企业需要特别注意以下一些关键问题：

1. **谨慎选择展览项目**。参展企业必须在对自身需求、外部经济环境、行业发展状况、内部资源及竞争对手情况等进行综合研究的基础上，选择是否参加某个展览会。参加展览会的最终目的是为了向该地区推销产品，所以一定要研究展览会的主办地及周边辐射地区是否有自己的目标市场，是否有潜在购买力，必要时可先进行一番市场调查。

2. **注意西方国家的贸易保护**。作为贸易保护中经常采用的非关税壁垒的重要手段之一，西方国家拒绝中国企业来本国参展的现象时有发生。2004年8月3日《中国贸易报》刊登文章，专门介绍了德国科隆五金工具展览会拒绝中国展团参展、美国移民局大量拒绝给赴纽约参加纺织品展览会的中国企业发放签证的有关情况。早在2003年4月，瑞士巴塞尔钟表首饰展览会就曾以“非典”的理由拒绝中国大陆和香港展团参展，但却允许展团人员旅游、购物。因此，参展企业在选择海外展览会时要充分考虑到这一点。

3. **展品报关**。国际上有关展览会的海关手续和关税有多种形式，常见的有保税、再出口免税、进口和ATA等方式。其中，ATA是一种免税准许临时进口的海关制度，手续简便，且不上关税，但其前提条件是参展企业所在国和展览会所在国都必须是ATA公约成员。另外，参展企业必须严格遵守相关规定，在展览会结束后将所有展品再出口。一般来说，在国外的报关工作多委托运输报关代理来操作。

另外，出国参展企业还要特别注意目的地国家或地区对产品的进口限制。与进口限制相关的常见法规有《华盛顿条约》（《濒危和野生动植物保护条约》）、《动植物检疫法》、《食品卫生法》、《医药法》以及有关危险品法等。例如，《华盛顿条约》适用于濒危和野生动植物及用其原料制作的物品，皮毛、地毯、皮革、工艺品、标本等物品均为禁止进口商品，或者需要出口国开具特别出口许可证。

4. **商旅服务问题**。由于国外参展的特殊性，选择合适的商旅服务公司至关重要。为确保给参展企业提供优质的旅行和商务服务，参展单位应选择那些经验丰富、信誉良好、在目的地国家和地区有分公司（办事处）或销售网络的商旅服务公司。认真审阅商旅服务公司提供的"报价表"和"协议书"，弄清楚所提供的服务内容和标准是否符合参展的需要。如果选择国外的商旅服务公司，应选择在国内有正式注册的分公司或办事处的商旅服务公司，以确保一旦出现什么问题，可以有效地进行处理或通过法律途径解决。

5. **样本、网站的设计问题**。出国参展应携带少量纸质样本供查看，多带光碟样本供观众取用。国外展商的样本大多摆在架子上，供观众自行取用。尽管如此，观众并不太喜欢拿取纸质样本，但认可光碟样本。因此，建议参展企业不要携带太多纸质的样本，样本最好是中英文对照，便于外国的客户与企业联系，如果有你试图开发的目的国家或地区的语言的样本则更好。

另外，到国外参展之前，参展企业务必完善自己的英文网站，将自己公司的产品、服务、资质证明、成功案例等内容补充完善，并且要确保网站美观而且便于使用，以赢得印象分。许多观众经常在索取了名片后，回去之后再登录参展商的网站。

综合案例分析

新老服装品牌备战 CHIC2008

第十六届中国国际服装服饰博览会（CHIC2008）将于 2008 年 3 月 28—31 日在北京中国国际展览中心（新馆）举行。10 万平方米的展览面积，崭新的、现代化的新型展馆，男女装两期合并为一期，以及 2008 年北京奥运会的良好契机，都为 CHIC2008 增添了几分神秘色彩，同时也更加深了人们对它的企盼。

截至 2007 年底，展会的报名工作已圆满结束，展位确认完毕。由于面积有限，今年 CHIC 对企业的参展面积控制得略显严格。尽管如此，各企业依然积极地申请了比往届面积更大的展位，并已开始精心策划，积极备战 CHIC2008 了。

许多新参展商看中本届 CHIC 原因是：CHIC 具有较高社会关注度、展会结束后的各方良好反馈意见及 15 年积淀的 CHIC 的好口碑。新参展商希望在本届服装展上让更多的社会大众认识他们的新品牌，更多的加盟商加入他们的新品牌。

CHIC 作为顶级服装展会，已经成为企业寻找合作伙伴的重要桥梁。服装产业在中国是比较大的产业，其影响力也在世界范围内逐渐得到认可。而中国的服装品牌经过十几年的积累，也已经有一些自己的知名品牌，在国内、周边地区或者一定的国家中有了市场，实现了“走出去”的目标。

例如，波司登通过CHIC这一重要平台达成与英国方面的合作，在英国开设了专卖店，2009年2月还要赴英国参展，这是CHIC与国际接轨给企业带来的好处。

本单元知识结构图

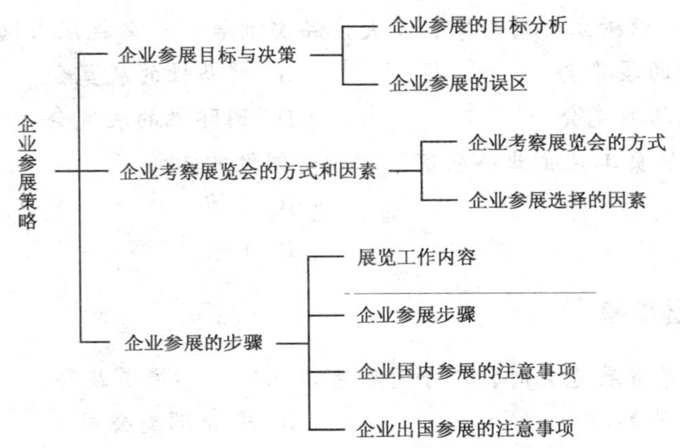

关键词

集体参展　单独参展　参展筹备

练习与实训

一、填空题

1. ________是指相对于原始资料而言的有关展览会现成的宣传推广资料。

2. 实地考察展览会时，参展企业可以简单地从展会的________、________、________和________的基本水准来评价展会的质量。

3. 贸易性质的展览会是为产业即制造业、商业等行业举办的展览，其主要目的是________。

4. 展览会的组织机构一般包括________、________和________。

5. 对于没有展览经验、没有市场知识、实力不雄厚的中小企业来说，应选择________展出方式比较好。

二、单项选择题

1. (　　)是参展工作的基石和方向。

A. 选择参展项目　　　　B. 选拔参展人员

C. 设定参展目标　　D. 准备参展展品

2. 企业的展出方式可以简单地分为集体参展和(　　)两类。

A. 个人参展　　B. 单独展出

C. 国家参展　　D. 国外参展

3. UFI 是(　　)的简称。

A. 国际展览业协会　　B. 国际展览联盟

C. 中欧国际展览联盟　　D. 美国展览管理协会

4. 如果参展企业所经营的是消费品，营销目的是零售、了解最终用户的要求、在最终用户中树立公司形象、扩大产品影响等，那么就应当选择(　　)。

A. 消费性的展览会　　B. 贸易性的展览会

C. 综合性的展览会　　D. 国际性的展览会

5. 训练参展员工是企业参展前(　　)时间做的工作。

A. 一年　　B. 半年

C. 3 个月　　D. 1 个月

三、多项选择题

1. 企业在考察展览会时，二手资料可以从(　　)渠道获得。

A. 政府统计部门　　B. 专业调查公司

C. 互联网　　D. 同行的推介

2. 展览会按其规模划分，可以分为(　　)。

A. 国际展　　B. 国家展

C. 地方展　　D. 综合展

3. 参展企业选择某个展览后，应与主办单位取得联系，获取报展文件。这些文件应包括(　　)等。

A. 展览会介绍资料　　B. 参展申请表格

C. 展馆展位图　　D. 参展人员手册

4. 下列工作中，(　　)属于参展工作中的筹备工作。

A. 申请参展　　B. 接待观众

C. 宣传广告　　D. 费用预算及控制

5. 国际上有关展览会的海关手续和关税有多种形式，常见的有(　　)方式。

A. 保税　　B. 再出口免税

C. 进口　　D. ATA

四、判断题

1. 参展目标是参展工作的基石和方向，在决定参展之后，企业必须根据企业和产品的具体情况设定参展目标。　　(　　)

2. 由于竞争对手参展，我们不能错失竞争机会，故也应该参加展览。　　(　　)

无法判别的占0.50%。

3. 观众类型。本次展会参展观众最多是管理类观众，占相对比例的35.35%，可以看出管理人员对此次展览的重视，同时也说明本展览得到了专业观众的肯定和认可。其次是技术类观众，来自生产商的观众较多。展会作为参展商和观众的沟通桥梁，建议下届展览能为他们提供更直接、更方便的洽谈交流条件。

4. 观众职位。本次展会观众中，作为工作的具体实施者，中级职员（往往对企业的决策具有影响力）占了64.14%；而具有决策权的观众，高级职员占了16.47%。

二、抽样问卷调查分析

为了把下届展览办得更加完善，吸引更多的专业观众，必须了解观众对展会的需求。本次展览现场对264位观众进行有效抽样问卷调查。其数据分析如下。

1. 观众的兴趣。从数据中可以看出，以整车为参观目标的观众还是占大多数，约43.37%；其次是配件类和公交客运类，分别为24.31%、16.85%。

2. 观众参观的目的。许多观众关心客车行业的发展趋势，说明我们的观众比较专业，多为业内人士。而“寻找新产品”和“建立新客户”也是参展商最希望看到的。

3. 观众对展览的评价。总体来说，观众对展览的评价比较高，满意率达75%。

想一想：

1. 展览会后为什么要进行观众数据分析？

2. 如何获得观众数据？

模块一　会展策划评估概述

一、会展策划评估的意义

会展策划评估的根本作用是通过对会展策划、会展决策和会展执行的信息反馈控制，评价会展策划是否达到预期目标，是会展后续工作重要内容。会展策划评估的作用有以下几个方面：

1. 有利于行业主管机构加强宏观会展管理，促进会展业良性发展。会展行业主管通过会展评估可以及时发现好的会展企业和品牌会展项目，通过发布评估信息，有效引导参展商和客商正确选择会展项目。

2. 有利于主办方提高会展项目管理水平，创建会展品牌。主办方通过会展评估，可以全面评价会展策划的执行情况，运用科学的评估标准和评估方法，发现其优势和不足，为创建会展品牌和下次会展招展招商提供数据支持。

3. 有利于参展商和客商改进参会参展工作。对于参展单位而言，通过对参会参展的实际效果进行全面评价和分析，发现问题，为下一次参展做好准备工作。

二、会展策划评估的概念、目的和对象

（一）会展策划评估的概念

会展策划评估是指根据一定的目的和标准，遵循一定的原则，运用科学的方法对会展活动中的各项要素及其社会经济效益等方面进行全面、综合性的评价。 会展策划评估的概念包含以下两个内容：第一为衡量，也可称为量度或者计量，即为数量的计算和比较。如展览会的展位面积、专业观众的数量、参展商的数量等指标的考核，定量地进行比较分析。第二为判断，就是对于一切不能量化的因素所可能采取的研究判断手段。譬如说，两个展览会虽然专业客户的人数相等，但专业观众的结构、所代表的购买团体以及其在所在团体中的地位都会有很大的差异，仅凭单纯的数量比较并不足以确定专业客户的相对价值。这一类评估依赖于主观的判断。判断虽然是主观的，但又并非随意的。一方面，它仍然需要用某些客观事实来作为判断基础或起点；另一方面，则又必须进行深入的思考。

衡量是客观的，而且一定要有作为衡量标准的共同单位。判断是主观的，而且也不能用某种单位来直接加以衡量。评估必须把客观的衡量与主观的判断结合为一体。

（二）会展策划评估的目的

会展策划评估是会展管理的一个重要环节，是有目的、有计划的活动。不同的主体，其进行会展策划评估的意义不同。对于会展主办机构而言，评估的目的是为会展项目的可行性分析提供数据依据，以促进会展业；对于主办者而言，评估的目的是提高会展项目管理水平，为下一届展会招商招展提供基础数据的支撑及创建会展名牌；对于参展商而言，评估的目的是提高展出效果，从而提升公司形象，扩大知名度；对于场馆企业而言，评估的目的是为今后会展场馆的出租提供参考资料。会展评估的结果还是贸易促进会和展览馆协会对会展市场进行管理的基础数据来源。

（三）会展策划评估的对象

1. 会展评估的主体，是指谁对会展进行评估。一般而言，会展评估的主体主要有会展主办方、参展商和中介组织。会展主办方进行评估是要根据每次会展评估的结论和建议及时调整会展发展的方向、运作管理方式，从而完善自己的会展品牌。参展商对会展进行评估则是为了比较参展的成本与收益，从而决定今后是否再参加此类会展。中介组织进行的评估一般说来更具备真实性、公正性和客观性，他们提出的未来会展发展的对策大多能给会展主办方一定的启发和帮助。

2. 会展评估的客体，也称为评估的对象。主要有会展城市、会展主办方与单个会展项目。在评估时，种类对象的侧重点如下：

（1）对会展城市进行的评估，应侧重于该城市在一年内所举办展会的数量、

阅读材料

德国权威的展会评估机构为展览会统计资料自愿审核协会（Gesellschaft zur Freiwilligen Kontrolle vonMesse - und Ausstellungszahlen，FKM），隶属于德国展览与博览会协会（AUMA）。

FKM 总部设在柏林，于 1965 年由六家德国会展公司共同创建，创建的目的就是制定统一的展览会相关指标，统计审核标准，提高会展数据的透明度和真实性。

规模、质量效益和展会所带来社会经济效益等。

（2）对会展主办方的评估，应侧重于该企业全年办展的业绩与效益。

（3）对单个会展项目的评估，应侧重于该次会展的规模、参展商的数量、参观人数、展会成交额等。

三、会展策划评估的程序、方法、指标和结论

1. 会展策划评估的程序，一般包括如下步骤：第一步，制订评估计划；第二步，搜集和分析数据；第三步，确定评估结果；第四步，编制评估报告。

2. 会展策划评估的方法。会展策划评估必须应用一系列科学的方法对各项指标进行分析和评价。主要采用比较法、定量分析和定性分析法。对会展项目的过去和现在进行对比分析，可以预测将来该项目的发展趋势；对大量的经济指标则需采取定量分析法；对有些无法用定量分析的指标，如个人态度等，则要采用定性分析方法。

3. 会展策划评估的指标。会展评估的指标系统包括完整的指标系统、权重系统和评估标准系统三个方面。

指标系统是指根据评估的任务和目的，从各项评估的内容中选择出来的，由不同层次指标构成的全面的指标系统。指标系统设计要注意以下原则：完备性、一致性、独立性、适量性。

权重系统包括各层次指标的自重权数（0～1）和加重权数（如优为 1；良为 0.8；中为 0.6；差为 0.4）。

评估标准系统主要有定性和定量两种指标。定性用描述性语言，如满意、不太满意、不满意。定量指标则用数据表示，如 80 分、90 分。

4. 会展策划评估的结论。经过对评估指标的审核、归类、比较、分析后，我们得到会展评估的最终结果——评估报告。评估报告是对整个会展策划执行的总结，是举办好下次会展的依据。

模块二　会展策划评估内容和方式

一、会展策划评估的标准

评估标准是评估的依据，由评审主体在评估之前确定。评估标准要根据评估

的原则及评估的具体对象，从评估内容中选择。选择评估标准要作到主次分明。如展出目标是宣传，就应以参观和咨询的人数为主要评估标准；如果展出目标为销售，就应该把成交额作为主要评估标准。评估标准还要作到重心突出，标准客观，指标量化，评估标准之间协调和统一等原则。

二、会展策划评估内容

会展策划评估是一个内容庞大、十分复杂的体系，性质不同的展览，评估内容也有所不同。一项评估要涵盖哪些内容，应根据评估的目的和实际情况确定。

（一）对办展目的和效果的评估

对展览策划的目的和效果的评估主要有两方面的作用：一是检验最初的办展的策划是否符合实际；二是确认展会是否达到预期的目的。

1. 展览的基本目标。

（1）参展商对参展的效果是否满意？

（2）参展单位的数量是否达到预期目的？

（3）成交项目在数量和质量上是否达到目的？

（4）办展收入是否达到展前预算？

2. 展览的战略目标。

（1）展会是否在当地引起较大反响？

（2）国际参展商是否对本次展览产生兴趣？

（3）国外媒体有无报道，评价如何？

（4）举办地在国际上知名度有无提高？

3. 展览的主题。

（1）主题表述是否鲜明？

（2）参展客商是否符合主题要求？

（3）参展主题是否在展品中得到体现？

（二）对展览规模和连续性的评估

1. 展出的净面积是多少？

2. 展位数是多少？

3. 展出的净面积和展位数比预计增加还是减少？

4. 特殊装修展位面积占净面积的比例是多少？

（三）对参展商要素的评估

1. 参展商数量。

（1）本届展会的参展商数量是多少？与上届相比是增加还是减少？

（2）本届展会的境外参展商数量是多少？与上届相比是增加还是减少？

（3）本届展会的境外参展商占参展商总数的比例是多少？与上届相比是增加还是减少？

2. 参展商质量。

（1）本届展会参展商中，行业龙头或骨干企业的数量和比例是否有所提高？

（2）本届展会参展商中，境外知名企业的参展数量和比例是否有所提高？

(3) 有多少参展商表示会参加下一届展会?

(4) 有多少参展商表示会推荐他人参加下一届展会?

(四) 对观众要素的评估

任何展览的举办都是提供交流交易的平台，满足观众欣赏和购买的需要。因此，观众的数量和质量是展览是否成功的关键指标。对观众要素的评价内容包括:

1. 观众的数量比过去是增加还是减少?
2. 观众的职位是否有所提高?
3. 观众的行业和地区分布有无变化?
4. 专业观众的比例是否有所变化?
5. 观众在各个展区的分布情况如何?
6. 哪些展位观众人数最多?
7. 有多少专业观众表示会参加下一届展会?

(五) 对展览时间的评估

展会的时间要素包括三方面的内容：一是展览的举办时机；二是展期的长短；三是战略周期，即同类型的两次展览之间的时间跨度。展会时间评估的具体内容包括:

1. 展会举办的时机是否合适？是否符合目标展品需求的季节变化?
2. 展会举办的时间是否和其他同类型展会冲突?
3. 展期长短是否适当?
4. 展览周期是否适当?

(六) 对展览地点的评估

展览场地包括展览的举办地、国家和城市以及具体的场馆两个方面。展览地点具体评估内容如下:

1. 举办地的市场开发程度、产业结构、经济辐射能力是否与展会相匹配?
2. 举办地点硬件设施和配套设施是否满足展会的需要?
3. 当地的政府和市民是否支持展会?
4. 展馆企业的管理水平是否达到要求?

(七) 对展览现场管理的评估

展会现场管理评估的具体内容包括:

1. 登记注册手续的办理是否方便快捷?
2. 现场安全工作是否达到要求?
3. 布展、撤展是否及时?
4. 展品进出手续是否齐全?

(八) 对展览接待服务的评估

展览接待服务内容主要包括参展商和观众的迎、送、吃、住、行、游、购、乐等所作的安排，具体内容包括迎送、注册、餐饮、考察、游览、娱乐、交通、引导、咨询等内容。

1. 接站工作安排是否合理?

2. 餐饮的质量和服务如何？
3. 展会提供的接送交通工具如何？
4. 展会是否有专门的引导人员？
5. 展会的翻译质量如何？
6. 茶点质量如何？

（九）对展览宣传的评估

展览宣传的评估主要内容有：
1. 媒体对展会的报道情况如何？
2. 是否开设网站进行宣传？
3. 广告媒体的选择是否合适？
4. 广告投放的时机是否恰当？

（十）对展览配套活动的评估

展览配套活动的评估内容主要有：
1. 配套活动是否和会展的主题相一致？
2. 配套活动内容是否引起观众和参展商的兴趣？
3. 配套活动的策划是否有助于提高展会的影响力？
4. 配套活动的时间安排是否和展会主题活动相适应？

（十一）对展会活动中成交情况的评估

展会活动中成交情况的评估内容主要包括：
1. 展会成交的总金额是多少？
2. 境外投资和贸易额占多少？
3. 展会签订的投资项目数和成交笔数是多少？
4. 展会签订投资意向的项目数量有多少？

（十二）对展会活动经济效益的评估

展会活动经济效益的评估内容主要有；
1. 本届展会的成本是多少？
2. 本届展会的利润是多少？
3. 本届展会的投资效益是多少？

（十三）对展会综合印象的评估

展会综合印象的评估内容有；
1. 参展商和观众对展会的专业化和国际化评价如何？
2. 参展商和观众对展会的服务总体评价如何？
3. 参展商和观众对展会的现场管理和安全保障评价如何？

三、会展策划评估方式

会展策划评估的方式包括材料搜集的方法和统计分析的方法。

（一）材料和数据搜集方法

1. 现场观察。现场观察主要用于搜集反映会展现场情况的材料和数据，如场馆内的秩序、展台的布置等。

2. 注册登记。注册登记是参加会展活动的参展者和观众等报到时在注册登记表上登记个人及单位情况的手续。

3. 会展记录。会展记录包括会议记录、展台记录等，如表 10-1 所示。

表 10-1　　展台记录表

序　号	项　　目	记录内容
1	展会名称	
2	记录日期	
3	记录人	
4	参观者姓名	
5	参观者职位	
6	公司名称	
7	公司地址	
8	电话	
9	成立时间	
10	行业类别	
11	经营范围	
12	公司规模	
13	成交情况	

4. 召开会议。召开会议是实施会展管理的主要手段之一，是搜集评估材料和数据的重要渠道。会展组织者可以在筹备、举办、善后三个阶段进行开会检查和总结，同时搜集所需的材料和数据。此外，还可以举行参展商、观众、评估专家参加的专题会议，听取不同的评价。

5. 个别访问。个别访问分为现场个别访问和会展结束后登门拜访。个别拜访需要事先制定调查提纲和要提的问题。

6. 进行问卷调查。问卷调查是搜集会展评估材料和数据的主要渠道。问卷调查可以在展会现场进行，也可以在展会结束后进行。

7. 搜集其他材料。其他评估材料搜集包括：与本次展会有关的新闻报道、会刊、参展手册、会展简报、会议的发言材料和最后文件、参展商和观众的意见书和投诉书等。

（二）评估材料和数据的统计方法

1. 审核。审核就是对搜集到的评估材料和数据进行审查、核对。一是查是否有遗漏的重要数据；二是查评估的材料和数据是否足够；三是查搜集到的材料和数据是否客观和真实。

2. 归类。归类是按评估指标，将搜集到的数据和材料进行分类整理。

3. 比较。比较主要包括如下内容：

(1) 把各项评估数据和既定的评估指标进行比较，以判断是否达到办展的目的。

(2) 把各项评估数据和以往的数据进行比较，确定是前进还是后退了。

(3) 把各项评估数据和其他相关数据进行比较，以衡量会展的综合效益。

4. 分析，就是在比较的基础上，按照指标逐项找出差距，层层分析取得的成绩和存在差距的原因。

5. 整合评估结果。在审核、归类、比较、分析的基础上，对评估结果进行整合。

模块三　会展调查问卷表的设计和发放

问卷调查是搜集会展策划评估有关信息的主要渠道。问卷本质上是一种统计调查表格，是研究个人行为和态度的一种测量手段。

一、调查问卷表的设计

调查问卷表的设计应当根据调查的目的、评估指标体系和调查对象来设计。问题设计可分为开放式和封闭式两种。

1. 问卷的结构，可以分为总体结构和问题结构。总体结构由问卷说明和问卷主体组成。问卷说明是指调查者对调查意义、目的和有关注意事项作出的解释。问卷主体主要指调查的问题。

问卷中，问题的排列顺序有其排序的具体原则，如按照问题类型排列，如年龄、性别等，按照问题的难易程度排列，由浅入深，由易到难；按照问题的时间顺序排列。

2. 问卷的类型。在实践中，多使用结构式问卷。所谓结构式问卷，是指根据调查研究的目的与搜集资料的需要，把要调查的问题完全印出，并在答题下面给出答案类型，每个调查者按照自己的认识和想法，回答每一个问题。问题设计可以采用开放式，也可采用封闭式。

开放式问题是指答案类型不作具体明确的规定，由被调查者根据自己的想法回答，如某展会吸引人的原因是什么？开放式多用于定性分析。封闭式问题要求被调查者在确定的可供选择的回答类型中选择一种答案。封闭式问题的答案类型有：

(1) 定类类型。例如，你参加过上届展会吗？有□；没有□。

(2) 定序类型。例如，请问你对展会的服务是否感到满意？①很满意□；②比较满意□；③无所谓□；④不满意□；⑤很不满意□。

(3) 定距类型。例如，请问您的收入是属于：①年薪 2 万 ~ 4 万元□；②年薪 4 万 ~ 6 万元□；③年薪 7 万 ~ 10 万元□；④年薪 10 万元以上□。

二、调查问卷表的发放和回收

问卷调查可以在现场进行，也可以在展会结束后进行。问卷调查表的发放数量和对象要根据抽样调查的随机原则，以保证所获得数据的科学性。问卷的发放和搜集常常使用以下两种方式：

1. 邮寄问卷调查，是指调查者将设计好的调查表格邮件给被调查者，由被调查者自己填写答案，然后再通过邮局将调查问卷返回的资料搜集方式。邮寄调查问卷方式节约时间和成本，而且当调查对象较分散时，邮寄调查问卷更方便；缺点是缺乏灵活性，无法控制，回复率较低等。

2. 访问问卷调查，是由调查者按照统一设计的问卷向被调查者提出问题，然后由调查者根据被调查者的回答填写问卷，如表 10－2 所示。访问问卷调查最大的优点是它的灵活性，缺点是时间较长，容易受到调查者的水平和被调查者的合作态度影响。当然，除了面对面访问外，还可以采用电话访谈的方式。

表 10－2　观众意见调查表

序　号	评分标准 / 项目内容	100	95	90	85	80	70	65	60	55
1	专业化程度									
2	国际化程度									
3	展览秩序									
4	宣传报道									
5	布展质量									
总体评价										
填表人单位：						职务：				
联系电话：						传真：				
通信地址：						邮编：				
电子邮件：						公司网页：				
填表人签字：						填表日期：				

模块四　会展策划评估工作的实施及会展策划总结

一、会展策划评估工作的特征

1. 评估活动的**目的性**。会展策划评估是会展管理的一个重要环节，是一项有目的有计划的活动。不同的主体评估会展的目的不同：对会展主管机构而言，评估的目的是评出会展项目的优劣，促进会展业的发展；对主办者而言，评估的目的是提高办展水平；对参展商而言，评估的目的是为了提升公司形象，扩大产品和品牌影响力。

2. 评估内容的**专业性**。会展策划评估是围绕会展主题、与会者、参展商、观众、时间、地点、展品、展位、服务、成本、成交情况等会展要素展开的，评估内容具有很强的专业性。

3. 评估指标的**系统性**。会展策划评估指标是反映会展活动的基本要素和本质特征的数量体系。任何一个评估主体在进行会展策划评估前，都要根据评估的目标制定切实可行的评估指标体系，包括完整的指标系统、权重系统和评估标准系统。

4. 评估方法的**科学性**。会展策划评估不同于一般的回顾和总结，它必须运用一系列科学的方法对各项指标进行分析和评价。综合使用历史数据对比法、定性分析法、定量分析法和统计分析法等，达到评估的目的。

5. 评估时间的**多样性**。会展策划评估的数据有些在会展结束时便可搜集统计，如展会的规模；有些要较长的时间才能搜集到，如展会的长期效果，因此评估的时间根据不同的目的和评估指标来确定。

二、搜集汇总情况

在调查和搜集数据的基础上，按照科学的分类，对搜集到的数据和资料进行整理、甄别、汇总，一旦发现资料和数据存在问题，应再次向有关方面求证并且核实。分类之后，便可以进行下一步的数据统计和分析工作了。

三、统计分析

各项材料和数据汇总后，接下来是组织专家和有关人员对这些材料和数据进行审核、归类、比较、分析和整合，初步确定策划评估的结果。

1. 审核，就是对搜集到的数据和材料进行审查和核对，主要是核查数据是否足够、资料是否真实、有无数据遗漏等。

2. 归类，就是按照评估指标，将搜集到的数据和材料进行分类。

3. 比较，主要包括：(1) 把各项评估数据和既定的评估指标比较，以判断是否达到会展策划的目的。(2) 把各项评估数据和以往的数据比较，以确定是增长还是降低。(3) 把评估数据与其他相关数据比较，以衡量展会的综合效益。

4. 分析。在展会闭幕前后或展会结束后的较短时间内，组织专门的分析研究人员对全部评估资料进行统计、计算和分析，从中归纳出评估意见。数据的分析方法主要有集中趋势分析法、简单相关分析法和时间序列分析法等。

四、评估结果

会展策划评估结果是反映会展策划实施的一系列数字、陈述和比例，通常会按照会展策划评估方案的要求提交。在会展策划评估过程中，需要特别注意以下两点：（1）会展评估要有权威的评估方，评估方要作到公平、公正；（2）评估开展前要制订合理的工作计划，投入适当的人力和物力。

五、会展策划工作总结

会展策划总结工作是一项比较重要的工作。展会的总结工作最好在展会闭幕后一周内进行。要对展会整体工作进行回顾、分析、研究，找出规律性的东西，然后写出总结报告，以供相关单位使用。

工作总结的内容要实事求是，只有客观反映展会的实际情况，才对以后的工作有指导作用。

六、会展策划卷宗档案

会展策划评估完成后，要对相应的资料及时整理，并且立卷归档，便于以后的查找和保障文件的安全与完整。会展策划卷宗立卷的主要步骤如下：

1. 调整案卷。按照立卷的特征、密级和保存价值进行调整和分类。

2. 排列次序。排列次序的原则有：（1）按照先后顺序排列；（2）按照重要程度排列；（3）按照问题重要（例如时间）排列。

3. 拟写卷宗标题。拟写卷宗标题要求内容概括、确切，文字精炼、准确，结构统一、完整。例如，2006 年某展会策划评估报告。

4. 编页码。卷内文件页码编在正面的右上角和背面的左上角。

5. 填写卷内目录。填写卷内目录主要是便于查阅和统计。

6. 填写备考表。备考表用来注明卷内文件的缺损、修改、补充、销毁等情况。

7. 案卷装订。永久保存的文件需要装订。经常需要复制的或实行计算机检索的案卷可以不装订。

8. 填写案卷封面和卷脊。其主要内容有：全宗名称，即立档单位名称；类目名称，即第一级类目名称；案卷题名，即案卷标题；时间；保管期限；件、页数；归档号，又称文书处理号；档号，档号由全宗号、目录号和卷宗号组成。

七、会展策划总结报告

会展策划评估总结报告是会展策划评估的书面结果。会展策划评估总结报告的结构安排和具体写法如下：

1. 标题，一般由会展名称和总结报告组成，如“2005 西部博览会总结报告”。

2. 署名。会展策划评估总结报告可以以办展单位名义、参展单位名义和专业评估机构名义编制。

3. 正文，包括开头、主体和结尾三部分：开头主要介绍策划评估的目的、背景、过程和方法；主体部分具体表述会展策划评估的各项指标和结果；结尾要用简洁明晰的语言作出结论。

4. 附件。将说明性的图标或者资料作为附件更有说服力。

5. 日期。在正文右下方写明提交报告的具体日期。

综合案例分析

2003中国国际缝制设备展览会总结报告

根据中华人民共和国对外贸易经济合作部［2003］外经贸发展字162号批文，由中国缝制机械协会、中国轻工业对外经济技术合作公司主办，北京时瑞展览公司、上海华联缝制设备公司、德国科隆国际展览公司共同承办的2003中国国际缝制设备展览会（CISMA2003），于2003年10月21—24日在上海新国际博览中心如期举行。

一、CISMA2003概况

本届展览会展览总面积达到57500平方米，比上届展览会增加了11500平方米，展示面积31089平方米，折合标准展位3454个，比上届增加了25%。参展企业共906家，其中来自15个国家和地区的海外参展商共158家。

在3天半的展期内，CISMA2003累计接待了来自66个国家和地区的专业观众23714人，其中海外观众1767人。缝制设备经销商和服装、箱包、皮革企业等直接用户占观众人数的60%。服装、鞋帽、箱包生产企业观众的比例达到21.9%。

二、展览会的特点

1. 展览总面积创历史新高，成为世界缝制设备第二大展。
2. 德国科隆国际展览有限公司加盟，CISMA国际影响力继续扩大。
3. 以“创新和发展”为主题，高新产品逐渐成为主角。
4. 展会搭台，企业唱戏，CISMA2003企业活动异彩纷呈。
5. 开辟展中展，服装辅料与配件展延伸展览范围。
6. 观众如潮，国内外服装企业等专业观众数量大增。
7. 展会服务创新，向信息化、科学化、规范化迈上新的台阶。

三、存在的不足

1. 展览服务水平有待提高，距国际一流展览还有差距。
2. 双语操作能力还需进一步提高。
3. 最终用户，即服装、鞋帽、箱包等生产企业的观众比例还需提高。
4. 观众和展商预登记系统有待完善。
5. 进一步完善网站建设。
6. 继续加大保护知识产权的力度。
7. 信息发布和论坛。

本单元知识结构图

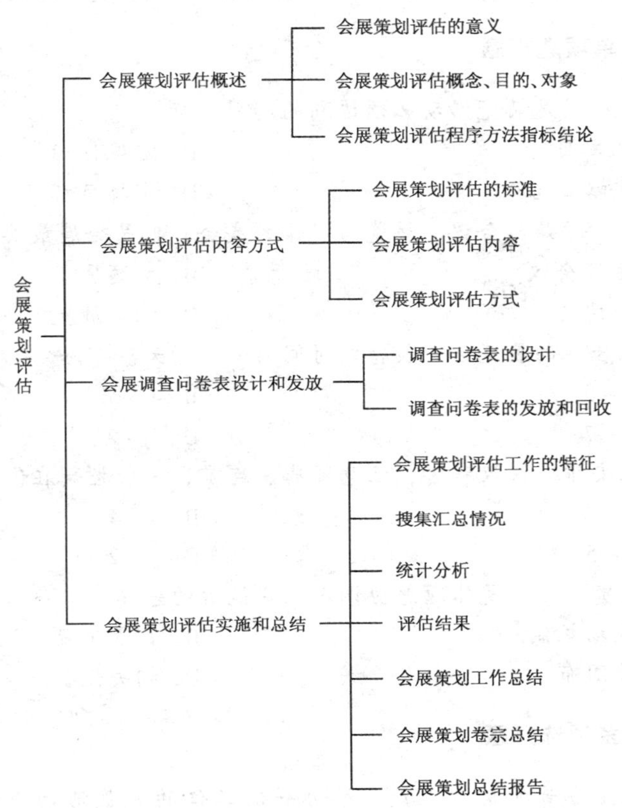

关键词

会展策划评估　会展策划评估作用　会展策划评估结果

练习与实训

一、填空题

1. ________就是指以引人注目的方式来吸引________、________、________和________来参与会展活动，希望通过会展活动来达到的目标，以能够给予参加者效益。

2. ________是会议组织者的期望，也是会议所要完成的任务的总和。

3. ________，就是明确会议的目标，强调会议的宗旨，以一种清晰明了的方式表达出来，以吸引参加者。

4. ________是一项由主办国政府或政府委托有关部门举办的有较大影响和

悠久历史的国际性博览活动。

5. ________是对会展的指导思想、宗旨、目的、要求等用最凝练的概括与表述，是统领会展各个环节的“纲”，并贯穿会展活动的始终。

二、单项选择题

1. (　　)是展览活动必须达到的起码目标。

A. 基本目标　　B. 宏观目标

C. 战略目标　　D. 市场目标

2. (　　)是集会议、展览为一体的盛会，也是会展最典型的特例。

A. 主题会议　　B. 主题展览

C. 世博会　　D. 综合展览

3. 综合性的展览会一般持续时间为(　　)天。

A. 2~3　　B. 4~5

C. 6~7　　D. 1~2

4. 在安排会议议程时，注意紧凑、连贯，一般控制在(　　)小时为宜。

A. 2~3　　B. 3~4

C. 4~5　　D. 1~2

5. 展览(　　)是体现总协调人应变能力的一环。

A. 现场控制　　B. 背景布置

C. 外围布置　　D. 相关设备

三、多项选择题

1. 从主办者的角度来说，举办一次具体的展览活动来说，其目标层次有：(　　)。

A. 基本目标　　B. 宏观目标

C. 战略目标　　D. 市场目标

2. 世博会的目标主要是通过参展方的活动策划来达到预定的一系列目标，即(　　)。

A. 促进经济贸易交流　　B. 促进参展国的旅游业发展

C. 提升参展国的总体形象　　D. 维护一种政治观念

3. 会展主题策划的特点有(　　)。

A. 时效性　　B. 独特性

C. 刺激性　　D. 通俗性

4. 会展时间的选择原则有(　　)。

A. 订货时效性　　B. 季节适宜性

C. 观众可参与性　　D. 场地空间

5. 会展空间策划的要点有(　　)。

A. 展出场地的面积　　B. 展出场地的形式

C. 展览活动区域　　D. 展出时间

四、判断题

1. 会展主题是贯穿于整个会展活动过程中所反映经济、政治、科学文化等社会生活内容的中心思想，也称为会展主题思想。（ ）

2. 世博会从 1859 年开始以来，每届都有各自独特的主题。（ ）

3. 会展时间的策划应根据实际的发展变化来决定行动的最终时机。（ ）

4. 新闻发布会的策划要素有目的、时间、地点等。（ ）

5. 新闻发布会常见的类型主要是科技、文化等方面。（ ）

五、简答题

1. 简述会展目标的确定应遵循哪些标准？

2. 简述新闻发布会的策划目的和原则。

3. 简述新闻发布会的策划要点。

4. 简述论坛策划时应注意事项。

六、实训题

根据当地有影响的展会，按照下面的表格填写展览会评估总结（见表10－3、表 10－4）。

表 10－3　　本届展览会评估情况总结

展览会名称			
展览日期：		展览地点：	
场馆租用面积：	平方米	展台总面积：	平方米
参展商数量：	家	其中境外参展商数：	家
其中境外参展面积：	平方米	举办论坛数：	场次
参观观众人次：	人次	其中境外观众人次：	人次
本届展览会自评：			
本展前景预测：			

表 10－4　　前两届展览会情况对照表

届　次 项　目	前二届	前一届	备　注
展览时间			
展览地点			
场馆租用面积（平方米）			
展台总面积（平方米）			

续表

项目 \ 届次	前二届	前一届	备　注
参展商数量（家）			
其中境外参展商数量（家）			
其中境外参展面积（平方米）			
专业观众数量（人次）			
其中境外观众数量（人次）			
举办论坛数（场次）			
备　注			

主要参考资料

1. 郑建瑜：《会展场馆经营与管理》，上海人民出版社2006年版。
2. 陆金生、张岚：《会展设计》，高等教育出版社2004年版。
3. 沈燕云、吕秋霞：《国际会议规划与管理》，辽宁科学技术出版社2001年版。
4. 刘大可、王起静：《会展活动概论》，清华大学出版社2004年版。
5. 郑彬：《会展概论》，电子工业出版社2007年版。
6. 桑德拉·L. 莫罗著，武邦涛译：《会展艺术》，上海远东出版社2005年版。
7. 阎蓓、贺学良：《会展策划》，高等教育出版社2005年版。
8. 赵玲：《会展策划》，电子工业出版社2007年版。
9. 许传宏：《会展策划》，上海复旦大学出版社2005年版。
10. 张大林：《策划方法教程》，广东经济出版社2005年版。
11. 刘松萍：《会展营销与策划》，首都经济贸易大学出版社2006年版。
12. Arnold，M.K著，周新等译：《展会形象策划专家》，中国水利水电出版社2004年版。
13. 俞华、朱立文：《会展学原理》，机械工业出版社2005年版。
14. 刘大可、陈刚、王起静：《会展经济理论与实务》，首都经济贸易大学出版社2006年版。
15. 沈丹阳：《中国展览概述》，中国劳动社会保障出版社2006年版。
16. 武少源：《国际会议组织与承办》，中国劳动社会保障出版社2006年版。
17.《中国会展》杂志，2001—2005年。